進德修業
格物致知

华南师范大学附属中学校训

　　华南师范大学附属中学前身始于清光绪十四年（1888年）的广州格致书院，至今已有130年历史。1952年，岭南大学附中、中山大学附中、广东文理学院附中、华南联大附中四校合并，定名为"华南师范学院附属中学"；1982年，随华南师范大学更名为"华南师范大学附属中学"。历代华附人秉承"进德修业，格物致知"的校训，遵循"以完整的现代教育塑造高素质的现代人"的办学宗旨，坚持"培养为民族复兴而努力学习的时代新人"的育人理念，形成"敢为人先，追求一流，崇尚卓越"的华附精神，不断引领中国基础教育改革新方向。

华南师范大学附属中学校本课程丛书

阳光心配方

——中学生朋辈心理辅导理论与实践

YANGGUANG XIN PEIFANG
ZHONGXUESHENG PENGBEI XINLI
FUDAO LILUN YU SHIJIAN

林佩珠　李之宁 ◎ 编著

编 委 会 名 单

丛书主编：姚训琪
编委会成员（排名不分先后）：
　　吴　青　肖朝云　陈慧华　黄华林　李之宁
　　林佩珠　林　勇　连洪泉　黎　斌　盖英俊
　　杨　媛　罗碎海　周建锋　林　琪　申西芬
　　冯　丹　何博雯

广东高等教育出版社
Guangdong Higher Education Press
·广州·

图书在版编目（CIP）数据

阳光心配方：中学生朋辈心理辅导理论与实践/林佩珠，李之宁编著．—广州：广东高等教育出版社，2018.12

（华南师范大学附属中学校本课程丛书）

ISBN 978-7-5361-6338-6

Ⅰ．①阳⋯　Ⅱ．①林⋯②李⋯　Ⅲ．①中学生–心理健康–健康教育–教材　Ⅳ．①G444

中国版本图书馆 CIP 数据核字（2018）第 270847 号

责任编辑：陈嘉茜
责任校对：旭　芝
封面设计：阿　丁
版式设计：李若溱

出版发行	广东高等教育出版社
	地址：广州市天河区林和西横路
	邮政编码：510500　营销电话：（020）87553735
	http://www.gdgjs.com.cn
印　刷	佛山市浩文彩色印刷有限公司
开　本	787 毫米 ×1 092 毫米　1/16
印　张	11
字　数	235 千
版　次	2018 年 12 月第 1 版
印　次	2018 年 12 月第 1 次印刷
定　价	48.00 元

总 序

总　序

习近平总书记在2018年全国教育大会上指出,"培养什么人、怎样培养人、为谁培养人"是教育的根本问题。我校在开齐开足国家规定的必修课程的同时,开设"多元开放、结构系统"的校本课程,就是要回答"怎样培养人"的问题。随着新一轮课程改革的推进,我校确立了"国家必修课程优化和整合化,校本选修课程精品化和融合化"的实施策略,通过课程育人,激发学生学习兴趣,丰富学生学识,使学生不断接触学科发展前沿知识,掌握学科思维与方法,培养学生的创新精神和实践能力,努力培养为民族复兴而努力学习的时代新人。我们用坚守与创造,对"培养什么人和为谁培养人"的教育根本问题给出了自己的答案。

《国家中长期教育改革和发展规划纲要（2010—2020年）》指出,高中阶段教育是学生个性形成、自主发展的关键时期,对提高国民素质和培养创新人才具有特殊意义;创造条件开设丰富多彩的选修课,为学生提供更多选择,促进学生全面而有个性的发展。自20世纪90年代以来,我校坚持"以完整的现代教育塑造高素质的现代人"的办学宗旨,以"培养为民族复兴而努力学习的时代新人"为育人目标,不断引领中国基础教育改革的新方向。为更好地落实立德树人的根本任务,推动学校育人模式的转变,满足学生个性化、多样化的学习和发展需求,我校结合各学科特点,从拓展课程和创新课程两个维度构建了多元开放、结构系统的学科课程体系,包括自然科学类、人文科学类、体育艺术类、社会实践类、学生发展指导类和国际教育类6大模块近100门校本课程,扩大了学生学习的自主权,引导学生自主选择、自主学习、自主发展。

在校本课程的实施过程中,我校采取选修课程、活动课程与学生社团三

位一体的实施策略。不少选修课程逐渐与校园活动的开展、学生社团的发展融合，互相促进，和合共生。学生基于爱好与兴趣参加学生社团，在参加校园活动或外出比赛交流活动中，不仅凸显自己的特长，也为今后的学习生涯做了很好的规划。

同时，我校不断探索以项目式教学为载体的跨学科融合校本课程实践。跨学科融合既是培养学生跨学科学习能力的基础，也是产生创新性成果的重要途径。采取项目式教学的校本课程，着重培养学生将知识融会贯通，进行跨学科整合的能力，以及独立思考能力和创造力。

在多年校本课程开发与实施的过程中，经过不断的反思、总结与优化，很多课程都开发了富有学科特色、符合学生需求、形式多样的配套课程资源，如课件讲义、参考资料库和校本教材等。这些课程资源的整合与开发，充分地将各学科的特色与学生的需求结合起来，从学科教学的实际情况出发，不断地对教学所需要的内容进行整合与优化，为校本课程的高质量实施提供了重要基础。

为了更好地满足教师的教学需要和学生的学习需求，发挥学生的主体作用，在校本课程开发与实施的基础上，我校组织各学科教师认真研究、总结与反思，精心编写了这套丛书。

华南师范大学附属中学
校长、党委书记

2018 年 11 月 18 日

前　　言

　　十月凉秋，碧空如洗，微风习习，植木摇曳，似在默默祝福着秋的收获，我们也满心欢喜地收获了华南师范大学附属中学（以下简称"华附"）又一本校本教材——《阳光心配方——中学生朋辈心理辅导理论与实践》。

　　《阳光心配方——中学生朋辈心理辅导理论与实践》的顺利出版，如嫩柳抽芽、朝晨初升，是华附的又一件喜事。编撰这本校本教材，不仅是为了更好地践行"进德修业，格物致知"的华附校训，也是积极响应素质教育和课程改革的需要，以完善我校心理健康教育体系，提升我校心理健康教育服务全校师生的水平。我校坚持改革创新，形成了科学的、有特色的、切合实际的心理健康教育体系，而本教材作为我校心理健康教育实践中的重要成果，也将成为我校心理健康教育体系的重要组成部分，尤其是在朋辈心理辅导方面提供了一定的理论依据和实践指导。

　　我们编写这本校本教材是有基础的。一是华附的每个班级都有朋辈心理辅导员，他们有一定的权利和义务，包括接受专业培训，学习心理健康知识；观察了解，发现问题，及时报告，建立反馈；借助班刊、班墙报、年级"心灵驿站"和班团课等平台宣传渗透心理健康、生涯规划等方面的常识；策划与协助组织活动；上传下达；接受监督等。同时，我们每周都会组织相应的课程和朋辈心理辅导员培训大会等，以提高学生朋辈心理辅导的素质和能力。二是我们持有国家二级咨询师证和心理健康教育A证等，且从事心理辅导多年，在校园心理危机干预方面颇具经验。除此之外，我们对事业有着执着的追求，立足于学生的长远发展，潜心钻研，创造性地开展工作。

　　华附自2000年始开展朋辈心理辅导，至今已走过了18个年头。我们坚持每周一课，在实践中不断汲取营养、吸取教训，形成了较为系统的朋辈心

理辅导体系，而且我校心理教师在这一方面也积累了大量的经验，形成了较强的工作能力。不得不提的是，通过努力，朋辈心理辅导这项工作取得了非凡的成效，如朋辈心理辅导员队伍素质不断提高，"朋辈心理辅导"课程计划愈加完善，建立了学生心理预警档案，构建了心理健康教育渗透模式（如班主任等其他科任教师积极响应，帮助发现需要心理预警的学生）等。

岁月的痕迹终于在此时绽放出它应有的光芒，这本自编教材的诞生，让我们感到无比欣喜。我们希望本教材能够为朋辈心理辅导员提供扎实的理论知识，在朋辈心理辅导中提供指导，并且促进他们个人的健康成长。我们也相信，本教材将会成为一些心理教师、班主任、相关工作人员甚至是科研人员的课外读物。当然，我国心理健康教育课程改革才刚刚开始，朋辈心理辅导更是有很长的路要走，我们仍处在不断总结和探索阶段，对校本课程的开发还有更加广阔的空间，加之我们的水平有限，虽然在编写过程中反复酝酿、推敲和审核，但讹漏在所难免，敬请同仁谅解并不吝赐教。

编　者

2018 年 10 月

目 录

基 础 编

第一章 朋辈心理辅导概述 ……… 3

第一节 朋辈心理辅导的基本理论 ……… 3
一、朋辈心理辅导的含义 ……… 3
二、朋辈心理辅导的特点 ……… 4
三、朋辈心理辅导在心理健康教育中的作用 ……… 5

第二节 朋辈心理辅导员的角色与素质要求 ……… 6
一、朋辈心理辅导员的角色定位和工作职责 ……… 6
二、朋辈心理辅导员的伦理规范 ……… 8
三、朋辈心理辅导员的素质要求 ……… 8

第三节 朋辈心理辅导员的选拔、培养与评价 ……… 11
一、朋辈心理辅导员的选拔 ……… 11
二、朋辈心理辅导员的培养 ……… 12
三、朋辈心理辅导员的评价 ……… 12

第二章 心理问题分类与症状识别 ……… 15

第一节 心理问题的分类 ……… 15
一、正常心理与异常心理 ……… 15
二、一般心理问题与严重心理问题 ……… 18

　　三、认识神经症 …… 19
　　四、认识人格障碍 …… 22
　　五、认识精神病 …… 25
　第二节　揭开心境障碍的面纱 …… 28
　　一、认识抑郁症 …… 28
　　二、认识双相情感障碍 …… 35

第三章　中学生常见的心理问题 …… 41

　第一节　学习问题 …… 41
　　一、学习动机缺乏 …… 41
　　二、学习动机过强 …… 42
　　三、注意力不集中 …… 43
　　四、学习焦虑 …… 44
　第二节　人际交往问题 …… 47
　　一、人际交往问题的类型 …… 47
　　二、人际交往问题的辅导建议 …… 48
　第三节　恋爱与性心理问题 …… 49
　　一、性意识困扰 …… 49
　　二、单恋 …… 50
　　三、失恋 …… 52
　第四节　网络成瘾 …… 53
　　一、网络成瘾的界定 …… 53
　　二、网络成瘾者的心理行为特点 …… 54
　　三、网络成瘾的病理心理机制 …… 55
　　四、网络成瘾者的辅导建议 …… 56

第四章　校园心理危机的干预 …… 57

　第一节　心理危机与危机干预 …… 57
　　一、心理危机概述 …… 57
　　二、危机干预概述 …… 60
　　三、心理危机的朋辈心理干预 …… 61
　第二节　中学生自杀危机干预 …… 63
　　一、自杀概述 …… 63
　　二、自杀的危险因素和保护因素 …… 65

　　三、侦察自杀警告讯号 …………………………………………… 67
　　四、自杀的预防和干预 …………………………………………… 68
　　五、朋辈心理辅导员的自我身心保护 …………………………… 71

第五章　朋辈心理辅导常用的心理学理论 …………………………… 72

第一节　人本主义理论 …………………………………………… 72
　　一、人本主义理论简介 …………………………………………… 72
　　二、人本主义理论在朋辈心理辅导中的应用 …………………… 73

第二节　合理情绪行为疗法 ……………………………………… 78
　　一、合理情绪行为疗法简介 ……………………………………… 78
　　二、合理情绪行为疗法在朋辈心理辅导中的应用 ……………… 79

第三节　积极心理学 ……………………………………………… 83
　　一、积极心理学概述 ……………………………………………… 83
　　二、积极心理学在朋辈心理辅导中的应用 ……………………… 85

方法与技能编

第六章　心理辅导入门 ………………………………………………… 91

第一节　心理辅导概述 …………………………………………… 91
　　一、心理辅导的内涵 ……………………………………………… 91
　　二、心理辅导的一般过程 ………………………………………… 92
　　三、走出心理辅导的常见误区 …………………………………… 93

第二节　朋辈心理辅导的基本技术 ……………………………… 94
　　一、非言语技术 …………………………………………………… 94
　　二、会谈技术 ……………………………………………………… 95

第七章　心育活动课设计 ……………………………………………… 108

第一节　团体动力学视野下的心育活动课设计 ………………… 108
　　一、心育活动课概述 ……………………………………………… 108
　　二、团体动力学概述 ……………………………………………… 109
　　三、心育活动课的阶段 …………………………………………… 112

第二节　心育活动课设计的基本要素 …………………………… 117

  一、选题和内容拟定 …… 117
  二、素材选择和情景创设 …… 118
 第三节 常用的心育活动课设计 …… 120
  一、常用活动类型 …… 120
  二、引导分享——4F动态引导反思法 …… 123

第八章 心理调研与心理健康普测 …… 126

 第一节 问卷调查法 …… 126
  一、问卷的基本常识 …… 126
  二、问卷的题型 …… 127
  三、问卷调查的流程 …… 129
 第二节 访谈法 …… 132
  一、访谈法的基本常识 …… 132
  二、访谈法的类型 …… 133
  三、访谈法的实施步骤 …… 136
 第三节 心理健康普测 …… 138
  一、心理健康测量概述 …… 138
  二、心理健康普测的实施步骤 …… 143

附录一 华南师范大学附属中学三级心理预警制度 …… 147

附录二 华南师范大学附属中学朋辈心理辅导员的权利与义务 …… 150

附录三 华南师范大学附属中学关于非起点年级朋辈心理辅导员选拔须知 …… 151

附录四 华南师范大学附属中学心理健康普测施测指引 …… 153

附录五 华南师范大学附属中学心理健康普测回访指引 …… 155

附录六 华南师范大学附属中学心理健康普测回访邀请函 …… 157

附录七 华南师范大学附属中学班刊设计方案 …… 158

附录八 华南师范大学附属中学某年心理节活动方案 …… 160

附录九 心理节游园道具之积分卡 …… 162

参考文献 …… 163

基础编

第一章

朋辈心理辅导概述

第一节 朋辈心理辅导的基本理论

一、朋辈心理辅导的含义

朋辈心理辅导起源于美国，20世纪80年代逐渐传入我国台湾，21世纪初，我国大陆高校开始对此项工作进行研究和实践，随后拓展到中学。

国外的学者萨斯曼（Sussman，1973）认为，朋辈心理辅导是指接受过心理学专业培训和督导的学生，运用倾听和支持等心理学技术与同辈进行疏通和交谈，进而为同学提供帮助的一种服务活动。

赫尔姆（Helm，1972）和多乐信（Dorosin，1977）认为，朋辈心理辅导是指较高年级学生接受团体心理辅导训练后，服务于较低年级的学生，搜集并反馈信息，干预校园心理危机的一种活动，整个活动需专业的教师进行督导。

马歇尔夫（Mamarchev，1981）将朋辈心理辅导的这一概念定义为"在选拔人员后，将其培训为半专业心理人员，把具有心理咨询作用的辅导给予周遭寻求援助的年龄差不多的同学和朋友的一种陪伴的人际交流和互助的过程"。

我国台湾学者庄涵茹（2003）认为，朋辈心理辅导是鉴于心理服务宗旨和需求，由学校心理辅导人员挑选与受助者年龄接近、有相似经历的学生，并对他们进行培训，使朋辈心理辅导员能向需要帮助的同学或朋友提供倾听、交谈等服务，进而帮助同学实现自我探索，促进自我成长的辅导方法。

我国大陆学者陈国海和刘勇（2001）则认为，朋辈心理辅导是指在人际交往过程中人们互相给予心理安慰、鼓励、劝导和支持，提供一种具有心理辅导功能的服务。可以理解为非专业心理工作者作为帮助者在从事一种类似于心理辅导的帮助活动。

综合以上学者的观点以及中学生的特点和中学生心理健康教育的目的，笔者认为中学朋辈心理辅导可以理解为学校心理健康教育部门开展心理健康教育工作的重要一环，通过培训和督导一批志愿从事心理援助工作的学生，在心理辅导基本原则的指导

下，在全体学生中普及心理健康知识，提高互助意识，协助学生建立良好的社会支持系统；对周围需要心理帮助的同学给予心理开导、安慰和支持，提供一种具有心理辅导功能的服务；及时发现同学中存在的严重心理问题，并向班主任和心理教师反映。

理解朋辈心理辅导，需注意以下要素。

1. 半专业的心理辅导

朋辈心理辅导员为同伴提供的是倾听、支持和沟通，发现严重的心理问题需及时上报而非自己处理。其工作重点在于预防和发现。

2. 需要经过选拔、接受半专业培训和督导

虽然朋辈心理辅导员提供的是半专业的心理服务，但是要成为朋辈心理辅导员依然有其要求，并不是所有的学生都适合当朋辈心理辅导员，因此要经过选拔。另外，如何理解心理健康，如何识别心理异常情况，如何和同学沟通，如何为同学提供支持和陪伴等，这些半专业的心理服务依然有其专业性，不接受培训和督导无法胜任。

3. 助人自助

朋辈心理辅导员在帮助同学之前，需要接受相关的助人训练，学习如何有效地调整心态、塑造个性，在实际助人的过程中，他们可以学习如何与人交往，如何面对问题、分析问题、解决问题，这本身就是一种成长，有助于朋辈心理辅导员提升自己、发展自己。

二、朋辈心理辅导的特点

1. 亲近性

有关学者的调查研究结果显示：在回答"我遇到问题时最先向谁寻求帮助"时，求助于同伴占有相当大的比例。这可能是源于家长、教师平常以高高在上的不平等身份地位出现，致使学生难以敞开心灵，理解和沟通也会变得艰难。同伴和朋友间则不同，他们以平等的关系相处，有利于彼此敞开心扉进行沟通和讨论。朋辈心理辅导员就是学生中的同伴，与帮助对象之间有着很多共通点，因此有利于有心理困扰的同学敞开内心，得到及时、正确的引导。

2. 广泛性

一般来说，学校的专业心理辅导受限于来访者自愿原则，开展面较窄。而朋辈心理互助模式，以学生自身为点，向全体学生辐射，所以它能最大范围地关注有心理困扰的学生和可能产生的心理危机。

3. 及时性

朋辈心理辅导员自身就是学生，对于一些专职心理辅导人员很难及时了解、处理的问题，能第一时间有所察觉和介入，进而能进行及时、有效的疏导，尽可能把问题消灭在萌芽状态，或者采取上报、转介等措施，防患于未然。所以，朋辈心理辅导是一种十分积极高效的心理危机预防和干预机制。

4. 简便性

与专业心理辅导相比，朋辈心理辅导受各种因素的影响较少。朋辈心理辅导员只要发现问题便可互助，无须预约，也没有固定的流程，氛围更为宽松。

5. 准专业性

朋辈心理辅导员在开展朋辈心理辅导前，都需要经过相关培训，在开展的过程中亦会有相应的专业技术支持，这是保障朋辈心理辅导有效性的重要前提，也是区别于普通的朋辈帮助的重要方面。

6. 成长性

在朋辈心理互助过程中，不管是身为助人者的朋辈心理辅导员，还是作为受助者的当事人，都能从中汲取成长的养分。双方学生的自身潜力可以被充分挖掘和激发，真正体现出"他助—互助—自助"的互动机制。

三、朋辈心理辅导在心理健康教育中的作用

依据人本主义的观点，每个人都需要心理援助而且每个人都能从心理上帮助他人。美国的一些专家预言，21世纪的心理辅导领域里，自助和互助模式、自我控制和完善将越来越普及。而朋辈心理辅导重在引导学生能够"助人自助"，即通过帮助他人，使自己得到成长和提升，同时也使同伴学会自己帮助自己。朋辈心理辅导是学校开展心理健康教育的重要一环。

法国作家莫罗阿（Maurois）说："校园里的同学和朋友是比父母还好的教育者。源于群体成员的关系表现于亲近、通常以平等方式共处，没有明显等级界限的权势体制。"美国学者霍夫曼（Hoffman）的研究表明，非专业的工作人员在经过20～40个小时的培训后，其辅导的成效不比专业的心理辅导差，甚至给来访者带来了积极的改变。犹如 P. H. 墨森（P. H. Mussen）所言："朋友是支持和安全的来源，是知己，是治疗者。"

朋辈心理辅导的首要优势在于双方亲近熟悉，良好的辅导关系容易建立，双方具

有相似的价值观和经历，沟通交流较顺畅。这源于同伴之间有相近的爱好，心理阻抗弱，互动性高、互通性大。若朋辈心理辅导与专业心理辅导结合使用，则可取长补短，起到明显的效果和作用。因此，朋辈心理辅导是学校专业心理辅导的重要补充。

同时，朋辈心理辅导员是学校心理危机干预中极其重要的一员，由于他们本身就是学生，就在学生群体里，所以对于一些心理危机现象，他们能及时介入，防患于未然。

第二节　朋辈心理辅导员的角色与素质要求

一、朋辈心理辅导员的角色定位和工作职责

朋辈心理辅导员是心理健康教育常识的宣传者、心理受困学生的辅导者、活动的组织策划者。

1. 宣传者

朋辈心理辅导员是中学学生心理健康教育的先导者和践行者。要身体力行，有效影响带动身边的同学主动关注与维护自身心理健康，首先就需要朋辈心理辅导员积极行动起来，广泛宣传心理健康对个人成长的积极意义，普及心理健康常识。朋辈心理辅导员可以借助学校宣传橱窗、班级的宣传板报、广播站、电视台、校园网、微信公众号等途径宣传渗透相关内容；协助班主任和心理教师营造关注自身心理健康、同学之间互帮互助的健康、轻松的氛围。

2. 辅导者

朋辈心理辅导员的另一个核心任务就是关注和了解同学的情绪、生活和学习情况，在班内开展朋辈心理辅导活动，能经常找同学聊天、沟通，倾听同学心声；善于用自己积极向上的态度影响同学，并在交谈中发现同学的心理困惑，适时地给出一些合适的意见与建议；发现棘手问题及时上报，成为心理危机干预的有效辅助力量。

3. 组织策划者

朋辈心理辅导员可以根据班里的实际情况自主策划组织或在指导教师的指导下开展相应的心理健康教育活动，比如，策划和主持心理主题班会，就某种现象开展团体辅导活动，协助开展心理游园活动等。

某中学朋辈心理辅导员策划和主持心理主题班会

某校班级朋辈心理辅导员，每学期一般需要承担三次班会课的策划和主持工作，主题是依据学校心理健康教育的具体开展情况和各班学生的心理状态而择定的。如重大考试（月考、期中考、期末考）前，朋辈心理辅导员可基于指导教师提供的资料，策划一次关于考试心理的主题班会，帮助同学缓解考前焦虑，保持冷静应考，理性应对结果。而届时，各班的黑板报也会呼应相应主题，延长影响时效。

某中学朋辈心理辅导员团队分工及朋辈心理辅导活动的常见形式

某中学朋辈心理辅导服务团队由团长、副团长和团队各部门成员组成。

团长由心理教师担任，主要职责是统筹规划朋辈心理辅导工作，引领朋辈心理辅导团队服务方向以及选拔朋辈心理辅导员等。

副团长是由经过选拔并考核的相对优秀的学生干部担任。其职责是协助团长工作，把团长有关朋辈心理辅导的规划付诸实施，具体负责以下各个部门的工作。

①秘书部：协助副团长工作，负责朋辈心理辅导的日常事务管理，整理全部团队成员搜集到的关于中学生存在的主要心理问题，组织例会等事务。

②宣传部：负责朋辈心理辅导各项活动和心理健康教育知识的宣传工作。

③编辑部：负责记录活动后朋辈心理辅导团队成员的心得体会，以及编辑各项活动开展的内容。

④组织部：负责每年朋辈心理辅导员的选拔和培训，开展朋辈心理辅导员内部交流，邀请心理教师对成员进行督导。

⑤策划部：负责各项活动（如何适应新环境、高考心理调节等主题活动）的策划和实施。

依托于团队，便可开展各种形式的朋辈心理辅导活动，包括朋辈团体心理辅导、朋辈心理辅导、朋辈心理活动、朋辈心理健康知识宣传等。

朋辈团体心理辅导的具体活动内容为：在心理教师指导和帮助下，搜集团队成员普遍反映的问题，作为每次主题的活动内容，通过团体成员互相鞭策、互诉观点来讨论对该问题的看法和感受，以及自己所持态度和采取的行为，在最终活动环节中分析和总结什么样的方式可以更好地适应社会和自身的发展。以上活动主要通过游戏的形式开展，旨在增加活动的趣味性，调动团队成员的积极性。

朋辈心理辅导是指朋辈心理辅导员对同学进行一对一的辅导，主要是面谈和书信辅导。通过辅导解决同伴的心理困惑，调节情绪、缓解压力、化解人际冲突，形成正确的认知方式和有效的问题应对策略，有效预防或减少心理问题的发生。

朋辈心理活动是指团队成员采用心理剧、心理沙龙、心理健康月、心理知识竞赛等形式，按计划开展或根据学生情况随时开展的特色活动。这些活动不仅让学生认识和体会到心理健康的重要性，还能让同学之间产生思想火花的碰撞，形成维护心理健康的意识。

朋辈心理健康知识宣传是指团队成员充分利用本校的广播、宣传栏、电视台等方式，向教师、学生和家长宣传，使他们对心理健康教育有新的认识和态度。

二、朋辈心理辅导员的伦理规范

1. 保密

没有征得求助同学的同意，不得将对方的言行随意泄露给任何人或机关（遇到难题或危机事件向督导教师求助情况除外）。朋辈心理辅导员进行案例讨论时要隐去相关的身份信息，以保护来访者权益。

2. 开展工作不能超出自己的能力范围

朋辈心理辅导员要认清自己的能力，不要轻易接受超出自己能力的工作。这不仅是对自己负责也是对当事人负责的表现，因为不适当的辅导会给来访者带来更大的伤害。

3. 尽力提供高质量的心理帮助

由于朋辈心理辅导员并非专业工作者，要求其为来访者提供专业帮助是不现实的，但朋辈心理辅导员要有不断提升自己的能力以达到专业心理辅导水平的意识和愿望。

4. 维护来访者的权利

朋辈心理辅导员要尊重来访者的自主权，不能擅自替来访者做决定，不能将自己的价值观强加给来访者，要坚持来访者可以自己决定接受或拒绝辅导的原则。同时，朋辈心理辅导员要公平公正地对待来访者，不能因为来访者的身份、身体条件、经济条件、学习情况等而做区别对待，要保证辅导过程中来访者不能受到伤害。辅导中有一些伤害往往是由于辅导员疏忽或无意识造成的，这就要求朋辈心理辅导员要不断加强个人修养，以减少伤害的发生。

三、朋辈心理辅导员的素质要求

心理辅导是人对心灵的触摸、抚慰，因此对心理辅导工作者的心理品质、个性修养、工作态度等方面有一定的要求，这也是保证工作质量的基础。

（一）朋辈心理辅导员的心理品质

朋辈心理辅导员要具有良好的心理品质，具体包括以下几个方面。
（1）心理健康状况良好，拥有积极健康的人生观和价值观。
（2）性格阳光开朗，对同学充满热情，亲和力较强，在同伴中有良好的人际关系。
（3）热心班级心理健康工作，责任心强，有服务于人的意识。
（4）善于观察和与人沟通。
（5）对心理学感兴趣。
（6）具有团结协作的意识。

（二）朋辈心理辅导员的基本工作态度

1. 具备"五心"

（1）爱心，即爱人爱己之心。对需要帮助的同学有发自内心的尊重，对其处境表现出真诚的理解和关注，并通过言语或非言语信息向同学表达出关心。
（2）耐心。耐心地倾听、关注，并做好长期陪伴的思想准备，不急于求成。
（3）诚心。真诚地对待需要帮助的同学，展现真实的自己，不骄矜做作，不装腔作势，不摆架子，不讲空话，不做权威，不做无保证的承诺。
（4）细心。辅导过程中细心观察同学的言谈举止、神态等外在表现，做到不放过任何细微的环节，以便充分了解和准确把握信息，提供全面的帮助。
（5）虚心。充分尊重、接纳需要帮助的同学，在与同学互动的过程中共同成长，不以个人好恶、是非标准下判断或做决定。

2. 做到"六戒"

（1）戒主观武断。即戒没有全面了解信息，就根据自己的经验做出判断、界定等。
（2）戒好为人师。即戒以权威、经验者身份面对寻求帮助的同学，让同学感到不平等。
（3）戒宣扬自己。即戒向来访者炫耀自己的经验、身份等优势，给对方造成压力或使对方产生自卑感。
（4）戒随意插话。有人说，心理辅导是出租你的耳朵。这句话充分表明听在辅导中的重要作用。此"戒"不仅体现尊重，同时也有利于当事人顺畅地表达。这并不表示恰当的问话不被允许，而是要适当、适时地提问。
（5）戒"悲天悯人"。当事人不是弱者，只是在成长过程中遇到问题，这些问题如果有人帮助会比较快、比较容易解决。我们每个人的一生中都有可能遇到自己不善于处理的问题，这时新角色的加入会帮助我们找到新角度和新方法来看待、分析和解

决当前的问题与困惑。

（6）戒"大事化小、小事化了"。每一个人都是独特的，他的问题也是独特的。不要单凭主观对事情的重要性、难易进行判断，决定事情处理的方式、方法，而要以当事人的需要为出发点。

某中学朋辈心理辅导员任职后的感想

A 说："朋辈心理辅导员需要聆听他人的烦恼和困惑，所以自己必须先拥有良好的心态和积极向上的精神。我一直很注重这一点，不断剖析自己，完善自己。"

B 说："朋辈心理辅导员在班级里其实是个重要的角色。外表再开心的人，内心也可能正在受伤流血，因此朋辈心理辅导员需要细心留意身边的每一个人。"

C 说："朋辈心理互助没有什么负担，就像在聊天，帮助同伴把内心的压抑和不快都发泄出来，给他们一个释放自己的方式——这让我看到了自身的价值。"

D 说："刚开始担任朋辈心理辅导员时我的主观性太强，不久就有同伴对我提出'不要再向我灌输你的人生观、世界观、价值观，烦透了'，从那以后我开始懂得要真正帮助一个人，必须了解对方在想什么、想要什么。在老师的指导下，我学会了将一些锋利的话委婉地表达，更懂得与人相处之道。"

E 说："长大后，大家似乎都学会了把情绪藏得很深，不想被别人轻易察觉，甚至拒绝别人的帮助。自从担任朋辈心理辅导员以来，我越来越觉得其实每个人都是在别人的帮助下成长的，更理解了长辈对我的关怀和期望。"

某中学同学对朋辈心理辅导员的感受

F 说："在与朋辈心理辅导员互动的过程中，我充分感受到了他们的真诚，他们无条件的接纳使得很多平时难以开口的困扰在不知不觉间得以倾诉。从学习上的烦恼、同学间的矛盾，到亲子互动中的纠葛等，我都可以毫无顾忌地吐露，也不用担心外传，因为朋辈心理辅导员需要遵守保密原则！"

G 说："看到朋辈心理辅导员每天开心的笑脸，我觉得学校似乎温暖起来，同学也不是那么冷漠了，这成为我来校的又一个理由！"

H 说："我们班的朋辈心理辅导员很贴心、很温暖，他挺会根据不同的情况来区别对待的：比如有时候我只是想倾诉，他就在旁边认真地倾听着，偶尔还会跟着我一起抱怨；有时候遇到学习上的困难，他也能给出不错的建议；有时情况比较复杂，他会带我一起去找心理老师。本来我觉得是小题大做，后来才发现心理问题不容忽视，真的很感谢他。"

I 说："对照朋辈心理辅导员的优秀，我看到了自身的不足。因为有人陪伴，克服这些不足也变得不是不可能了!"

J 说:"原来烦恼每个人都会有,原来问题总有办法解决,即便不是现在,我也愿意学着等待,等自己足够强大,等自己比朋辈心理辅导员更优秀!"

第三节 朋辈心理辅导员的选拔、培养与评价

一、朋辈心理辅导员的选拔

选拔什么样的朋辈心理辅导员直接影响到工作开展的实效性。已有研究表明,影响朋辈心理辅导的首要因素是朋辈心理辅导员的性别、年龄和解决问题的能力及个人品质。相对于男生而言,女生更容易接受这种辅导方式,参与的积极性更高。此外,朋辈辅导员是否具有诚实、保密等品质及解决问题的能力,也直接影响到学生对朋辈辅导的满意度和参与度。

朋辈心理辅导员的选拔通常有以下几个环节。

(1) 确定选拔的标准,可参见上一节"朋辈心理辅导员的素质要求"的有关内容。

(2) 利用各种途径面向全体学生做宣传,为招新工作做铺设。

(3) 通过学生毛遂自荐、同学或班主任的推荐,确定考察对象。

(4) 由心理教师通过面谈、任务完成等形式来甄选和确定朋辈心理辅导员的最终人选。

链接

某中学朋辈心理辅导员选拔流程

班级朋辈心理辅导员采取的是先选拔再培养的方式。朋辈心理辅导员原则上是在学生自荐、同学和班主任推荐、指导教师选拔相结合的基础上产生的。为此,指导教师先出席学校的全体班主任会议,就朋辈心理辅导的工作做出说明,让全体班主任先了解并认识到其性质、内容和意义所在,明确班级朋辈心理辅导员的大致任务以及选拔标准,为选拔工作奠定基础。接着,在学年初,指导教师通过班主任,在各班下发班级朋辈心理辅导员推荐表,进一步扩大朋辈心理辅导工作在学生中的熟识度,利用班队课,完成学生自荐、同学和班主任推荐工作,各班推选出一男一女两名学生成为预备的班级朋辈心理辅导员(学生自荐者不受人数限制)。

二、朋辈心理辅导员的培养

朋辈心理辅导员一般采取的是先选拔再培养的方式。对朋辈心理辅导员的培养关系到此项工作的质量以及长久运行的问题，是朋辈心理辅导工作中非常重要的环节。

对朋辈心理辅导员的培养包括两部分，第一部分是系统而有针对性的培训，第二部分是指导教师的督导。

对朋辈心理辅导员的系统培训要根据朋辈心理辅导的阶段特征、本校的实际情况和发展需要来设计，有条件的学校可以自编教材。培训时间最好是固定在每周的某个时段。培训的内容包括但不限于心理危机识别与预防、心理健康常识、心理辅导等基本理论知识，还有在实际操作中需要的辅导技巧、观察技巧及说话技巧等。培训的方式包括理论讲解、角色扮演、三人模式当堂演练和课下实践等。

朋辈心理辅导员毕竟不是专职的心理教师，因此在他们开展工作的过程中由专职的心理教师对他们进行定期督导与监督就成为不可缺少的环节，关系到朋辈心理辅导工作是否能健康持续发展。督导主要由学校心理教师负责，定期举行，内容主要是对这段时间以来朋辈心理辅导员在工作中存在的问题给予解答和帮助，并对其工作进行总结和评价。如果临时出现问题难点，朋辈心理辅导员可以随时向教师寻求帮助。对朋辈心理辅导员进行督导，能及时帮助他们解决辅导中遇到的专业问题和自身成长问题，从而提高其助人和自助能力。这不仅有利于提高朋辈心理辅导员的服务水平和工作满意度，而且也有利于促进朋辈心理辅导员与心理教师密切协作，形成合力。此外，对朋辈心理辅导工作进行及时评估，有利于朋辈心理辅导员及时了解辅导中取得的成绩和存在的问题，通过不断改进，不仅提高自身的助人能力，更重要的是增强成就感，提高对辅导工作的自信心，调动工作的积极性，从而为朋辈心理辅导工作健康持续发展提供保障。

三、朋辈心理辅导员的评价

朋辈心理辅导的评价工作一直是一个难题，因为朋辈心理辅导短期效果不明显，而且考核数据指标难以绝对量化，涉及多方位、多层次、多角度。但这个评价工作也是必不可少的一环，全面、有效的评价能使朋辈心理辅导工作更加高效，更具创新。为此，朋辈心理辅导员的评价可以采取自评与他评、过程评价与效果评价相结合的方式。

（一）自我评价

朋辈心理辅导员自我评价的主要形式是自评报告，建议分为两个方面来进行。

1. 个人成长

一个人只有自我发展得越好，才更有能力去帮助别人。朋辈心理辅导员需要进行多方的自我探索，如客观地评价是否认真参加各种相关课程、培训，心理学专业技能是否有所增长等，从而实现积极有效的自我整合，提升个人素养，更好地为同伴提供优质的心理互助服务。

2. 助人行为

朋辈心理辅导员需及时发现、关注、关怀和帮助有心理困惑和烦恼的同伴，并积极有效地开展相应工作，超出自身能力之外的应及时推荐到学生发展指导中心接受专业帮助。所以，是否帮助过同伴，是否起到一定的互助作用，都是朋辈心理辅导员自评的重要内容，同时也可借此来使朋辈心理辅导员及时审视自身工作，发现不足，及时弥补。

（二）他人评价

朋辈心理辅导员的工作不单要使自己感到满意，还要得到他人的认同。所以，除了自评，他评也是评价朋辈心理辅导员工作成效的重要内容。一般采取随机抽样问卷和访谈调查的形式进行他评，主要涉及以下三个维度。

1. 同伴评价

由于朋辈心理辅导员每班都有，所以这里的同伴评价主要是指本班同学的评价，评价内容主要包括朋辈心理辅导员在班级里开展心理活动的情况及其效果等。

2. 指导教师评价

指导教师的评价主要包括对朋辈心理辅导员的培训考勤记录（即接受培训时的表现与成绩），以及危机干预记录（即是否在紧急危机干预中有突出成绩）等。

3. 班主任评价

班主任可以说是朋辈心理辅导员工作的一大见证者，通过朋辈心理辅导员的努力，班级班风、学生整体心理情况是否良好，整体心理健康水平是否有所提高，都可以在一定程度上反映出朋辈心理辅导员的工作成效。

（三）过程评价

受限于心理辅导的工作性质，朋辈心理辅导员的工作往往是隐性的、长期的，因此，过程性评价是不容忽略的重要评价环节之一，优秀的标准包括以下方面。

（1）在工作中表现出热情、积极主动、乐观的态度，踏实肯干，遇事冷静，懂得控制情绪。

（2）因身为朋辈心理辅导员而自豪，乐于助人，乐于奉献，善解人意，人际关系良好。

（3）积极参加相关课程和训练，不无故缺席，不迟到早退。

（4）具体翔实地反映班级同学的总体心理状况，也能关注个别同学的心理困扰，并进行有效互助。

（5）认真落实学生发展指导中心布置的有关工作，积极组织开展形式多样的班级心理健康教育活动，工作有较好的计划，目标明确，思路清晰，方法得当。

（四）效果评价

朋辈心理辅导员的显性成效主要集中在心理主题班会、心理游园活动等的策划组织、宣传等工作的成效上。另外，预防意外事件发生的报告次数、化解一般心理问题的成功率、对朋辈心理辅导工作的特殊贡献、相关获奖情况等诸多因素也是效果评价的考量内容。

第二章

心理问题分类与症状识别

第一节 心理问题的分类

一、正常心理与异常心理

（一）定义和分类

通常我们把心理状态分为正常与异常两大类。正常的心理活动能保障人作为生物体顺利地适应环境，健康地生存发展；能保障人作为社会实体正常地进行人际交往，在家庭、社会团体以及其他机构中正常地履行责任，使人类赖以生存的社会组织正常运行；能使人类正常、正确地反映并认识客观世界的本质及其规律，以便创造性地改造世界，创造出更适合人类生存的环境条件。异常的心理活动是指丧失了正常功能的心理活动，其行为违反了文化准则，并对社会构成了威胁，出现统计学上的偏离，或一些少见的或奇特的行为。

正常心理状态中包括心理健康和心理不健康，在心理不健康中根据病程、影响程度等的不同，又划分为一般心理问题和严重心理问题。

异常心理状态中，常见的有神经症、人格障碍、心境障碍、精神疾病等。

（二）区分标准

郭念锋（1986）认为，区分正常心理和异常心理的具体标准一时难以确定，但基本原则是可以说清楚的。为此，从心理学对人类心理活动的定义出发，明确提出区分心理正常与异常的三个原则。

根据心理学对心理活动的定义——"心理是客观现实的反映，是脑的机能"，理解心理正常与异常应从心理活动本身的特点去考虑。

第一，主观世界与客观世界的统一性原则。因为心理是客观现实的反映，所以任何正常心理活动和行为，必须在形式和内容上与客观环境保持一致。不管是谁，也不管是在怎样的社会历史条件和文化背景中，如果一个人说他看到或听到了什么，而客观世界中当时并不存在引起他这种感觉的刺激物，那么，我们必须肯定，这个人的精神活动不正常了，他产生了幻觉。另外，一个人的思维内容脱离现实，或思维逻辑背离客观事物的规定性时便形成妄想。这些都是我们观察和评价人的精神与行为的关键，我们称它为统一性（或同一性）标准。人的精神或行为只要与外界环境失去同一，必然不能被人理解。

在精神科临床上，常把自知力作为是否有精神病的指标，其实这一指标已涵盖在上述标准之中。所谓自知力，就是自己能不能认识到自己的病症。自知力随患者严重程度而递减，也就是说，有心理问题的人，总是会认为自己患有严重的精神疾病，求医欲望最高；而神经症患者一般还是会知道自己存在的问题，也有一定的求医欲望；精神疾病患者却是完全认识不到自己所存在的问题，并十分抗拒求医，他们会认为自己幻听、幻觉到的事物是真实存在的，认为自己非常的正常。这也能解释，为什么影视作品里，精神疾病患者一直喊着自己不是精神病，医生反而更确定他是精神病了。

第二，心理活动的内在一致性原则。人类的精神活动虽然可以被分为知、情、意等部分，但它自身是一个完整的统一体，各种心理过程之间具有协调一致的关系，这种协调一致性保证人在反映客观世界过程中的高度准确和有效。比如一个人遇到一件令人愉快的事，会产生愉快的情绪，手舞足蹈，欢快地向别人述说自己内心的体验。这样，我们就可以说他有正常的精神与行为。如果相反，用低沉的语调向别人述说令人愉快的事，或者对痛苦的事做出快乐的反映，我们就可以说他的心理过程失去了协调一致性，称为异常状态。

第三，人格的相对稳定性原则。每个人在自己长期的生活道路上都会形成自己独特的人格心理特征。这种人格特征形成之后具有相对的稳定性，在没有重大外界变革的情况下，一般是不易改变的。如果在没有明显外部原因的情况下，这种人格的相对稳定性出现问题，我们也要怀疑一个人的心理活动是否出现异常。这就是说，我们可以把人格的相对稳定性作为区分心理活动正常与异常的标准之一。比如，一个用钱很仔细的人突然挥金如土，或者一个待人接物很热情的人突然变得很冷淡，如果我们在他的生活环境中找不到足以促使他发生如此改变的原因时，我们就可以说他的精神活动已经偏离了正常轨道。

除了以上三个原则，还可以通过情绪痛苦程度、内容泛化范围、自知力程度等因素对心理问题进行诊断（见表1）。

一般在进行初步诊断的时候，选用的指标为最直接、最简单的指标，即症状的持续时间。一般心理问题持续时间为1～2个月，严重心理问题持续时间为2～6个月，疑似神经症的持续时间会在一年之内，而到了神经症、心境障碍、人格障碍和精神病，持续时间会非常长，甚至会持续一辈子。

表 1　心理问题的区分

指　标	一般心理问题	严重心理问题	疑似神经症	神经症	心境障碍	人格障碍	精神病
情绪痛苦程度	+	+ +	+ +	+ + +	+ + +	+ +	+
内容泛化范围	−	+	+ +	+ + +	+ + +	+ + +	+ + + +
自知力程度	+ + + +	+ + + +	+ + +	+ + +	+ + +	?	−
人格异常程度	−	−	+	+ +	+ +	+ + + +	+ + + +
心理功能受损	+	+ +	+ +	+ + +	+ + +	+ + +	+ + + +
生理功能受损	+	+ +	+ +	+ + +	+ + +	+ + +	+ + + +
社会功能受损	+	+ +	+ +	+ + +	+ + +	+ + +	+ + + +

注:"−"表示无;"+"表示有;"?"表示不确定。

（三）求助途径

每个人在现实生活中的某个阶段，都会在一定程度上存在心理问题，即心理问题是普遍存在的，只是程度不同而已。心理咨询师对有心理困扰的来访者提供帮助，以消除或缓解来访者的心理困扰，促进其心理健康与自我发展。心理咨询侧重一般人群的发展性咨询，包括一般心理问题、严重心理问题和疑似神经症，但不包括心理异常的来访者。

疑似神经症是指其症状与神经症类似——有明显的内心冲突并且冲突本身没有现实意义或道德色彩，但是病程、严重程度等都未达到神经症的诊断标准。疑似神经症仍属于心理正常的范畴，而神经症、心境障碍、人格障碍和精神病均属于心理异常的范畴。

神经症、心境障碍或人格障碍的来访者需先求助于精神科医生，精神科医生会依据来访者的临床表现和检测结果，判断其应接受药物治疗还是心理治疗或心理咨询，抑或是综合治疗。一般来说，程度严重的来访者需先接受药物治疗，待病情稳定后，可以寻求心理咨询或心理治疗进行辅助治疗。

精神病属于精神医学范围，主要由精神科医生诊治，靠药物治疗。精神病来访者处于缓解期时，心理咨询或心理治疗有一定的支持作用，但都需要在精神科医生的诊断和处方基础上进行。

需要注意的是，心理咨询师、心理治疗师和精神科医生所扮演的角色是有区别的（见表2），来访者应根据自己的情况寻求相应的帮助。

表2 心理咨询师、心理治疗师和精神科医生的区别

职 业	心理咨询师	心理治疗师	精神科医生
从业范围	发展性议题，包括一般心理问题、严重心理问题和疑似神经症	除了一般心理问题、严重心理问题及疑似神经症外，还包括神经症、心境障碍和人格障碍（但是心理治疗师没有诊断权和开具处方权，开展心理治疗需要在精神科医生的诊断和处方基础上进行）	处理属心理异常范畴的疾病，有诊断权和开具处方权，主要使用药物治疗
资格证	心理咨询师资格证，在中国心理学会对应的注册应为"咨询心理师"	心理治疗师资格证，在中国心理学会对应的注册应为"临床心理师"	执业医师资格证
从业地点	社会机构	医疗机构	医疗机构

二、一般心理问题与严重心理问题

中学生心理不健康的问题受到社会的普遍关注。因此，朋辈心理辅导员有必要了解心理不健康的常见分类，即一般心理问题和严重心理问题。

（一）一般心理问题

一般心理问题是指由现实因素激发，持续时间短，情绪反应在理性的控制之下，不严重破坏社会功能，情绪反应尚未泛化的心理不健康状态。

判断条件：现实因素引发内心冲突，体验到不良情绪；不良情绪不间断地持续满一个月或间断地持续两个月仍不能自行化解；不良情绪仍在相当程度的理性控制下，能始终保持行为不失常态，社会功能基本维持正常，但效率有所下降；不良情绪的激发因素仅仅局限在最初事件，没有泛化现象。

对这类问题的解决，除依靠心理辅导外，有时有经验的同学、教师、亲友等也可提供帮助，有时也可能自行化解。一般心理问题如果得不到及时的调整和解决，任其发展，则很有可能发展为严重心理问题。

案例

一名初一的学生向教师倾诉说，他在班上学习很刻苦，经常拿第一，如果有时当不了第一名，就感觉会被别人说而感到很难受。这是由于他对别人关于自己的评价特别在意，如果有人评价不合事实或者不公正就会引起某种愤怒情绪。他对自己的评价

一般落后于对别人的评价，因而对自己的评价往往偏高，对别人的评价往往吹毛求疵。

（来源：http://www.docin.com/p-1942098921.html. 有改动）

（二）严重心理问题

严重心理问题是指由相对强烈的现实因素激发，初始情绪反应强烈，持续时间长久，内容充分泛化，影响心理活动多个方面的心理不健康状态。患者内心痛苦，自身难以摆脱，有时伴有某一方面的人格缺陷。

判断条件：现实刺激较为强烈，对个体威胁较大；不同原因引起的心理障碍，分别体验到不同的痛苦情绪；痛苦情绪间断或不间断地持续两个月以上，半年以下；遭受的刺激强度越大，反应越强烈；多数情况下，会短暂地失去理性控制，社会功能受一定程度的影响；痛苦情绪不但能被最初的刺激引起，而且与最初刺激相类似、相关联的刺激，也可以引起此类痛苦，即反应对象被泛化。

严重心理问题一旦形成，单纯地依靠"自然发展"或非专业性干预难以解决，对生活、工作和社会交往均有一定程度的影响。

案例

吴倩（假名），女，17岁，高二学生。有七年不与父母同住了，性格从小怪僻，不擅长与人交往，常说假话，情绪消沉，很少有笑脸，逆反心理强，在学校经常请假，骗班主任，经常与任课教师唱反调，在班上经常独来独往，在高中只与同桌一起，而且有时也会闹别扭。

（来源：http://www.360doc.com/content/11/0428/08/3382912_112847309.shtml. 有改动）

三、认识神经症

（一）定义

神经症也称神经官能症，《中国精神障碍分类与诊断标准（第三版）》（CCMD-3）中对神经症的描述性定义是："神经症是一组主要表现为焦虑、抑郁、恐惧、强迫、疑病症状，或神经衰弱症状的精神障碍。本障碍有一定人格基础，起病常受心理社会（环境）因素影响。症状没有可证实的器质性病变作基础，与病人的现实处境不相称，但病人对存在的症状感到痛苦和无能为力，自知力完整或基本完整，病程多迁延。各种神经症性症状或其组合可见于感染、中毒、内脏、内分泌或代谢和脑器质性疾病，称神经症样综合征。"

（二）诊断标准

症状标准（至少有下列一项）：①恐惧；②强迫症状；③惊恐发作；④焦虑；⑤躯体形式症状；⑥躯体化症状；⑦疑病症状；⑧神经衰弱症状。

严重标准：社会功能受损或无法摆脱的精神痛苦，促使其主动求医。

病程标准：符合症状标准至少已3个月，惊恐障碍另有规定。

排除标准：排除器质性精神障碍、精神活性物质与非成瘾物质所致精神障碍、各种精神病性障碍，如精神分裂症、偏执性精神病及心境障碍等。

（三）分类

《中国精神障碍分类与诊断标准（第三版）》（CCMD-3）将神经症分为六个亚型：恐惧症、焦虑症、强迫症、躯体形式障碍、神经衰弱、其他或待分类的神经症。下面简要介绍前五种神经症。

1. 恐惧症

指在正常情况下，对某一客体或者处境产生过分的或者不合理的惧怕。恐惧发作时患者产生异乎寻常的恐惧或紧张不安的内心体验，从而回避所害怕的客体或处境，患者明知没有必要，但是难以自控。

2. 焦虑症

这是一种以持久性焦虑情绪为主的神经症，常伴有头晕、胸闷、呼吸困难、口干、尿频、尿急、出汗、震颤和运动性不安等症状，其焦虑并非由实际威胁所引起，或其紧张惊恐程度与现实情况很不相称。

临床表现：①持续性或发作性出现莫名其妙的恐惧、害怕、紧张和不安，这种情绪指向未来，它意味着某种威胁或危险即将到来或马上就要发生，而实际上并没有任何威胁和危险；②精神运动性不安，坐立不安、心神不定、搓手顿足、来回走动，也可表现为不自主地震颤或发抖；③伴有躯体不适感、精神运动性不安和自主神经功能紊乱，如出汗、口干、嗓子发堵、胸闷气短呼吸困难、竖毛、心悸、脸上发红发白、恶心呕吐、尿急、尿频、头晕、全身尤其是两腿无力感等。

焦虑症与正常焦虑情绪的区别：①焦虑症的发生毫无根据，并且没有明确的对象和内容；②焦虑症指向未来，患者觉得似乎某些威胁即将到来，但是又说不出究竟存在何种威胁或危险；③焦虑症持续时间很长，如不进行积极有效的治疗，几周、几月甚至数年迁延难愈；④焦虑症除了呈现持续性或发作性惊恐状态外，还伴有多种躯体症状。

3. 强迫症

这是一种以强迫症状为主的神经症，其特点是有意识的自我强迫和反强迫同时存在，二者强烈冲突使人感到焦虑和痛苦；患者体验到观念或冲动都来源于自我，但不是出于自己的意愿，虽然极力抵抗，却无法控制；患者本人也意识到强迫症状的异常性，但又不能摆脱。病程迁延者常以仪式性动作为主要表现，虽精神痛苦显著缓解，但其社会功能已严重受损。

强迫症的症状首先要符合神经症的诊断标准，以强迫症状为主，至少符合下列一项：①以强迫思想为主，包括强迫观念、回忆或表象，强迫性对立观念，穷思竭虑，害怕丧失自控能力等；②以强迫行为（动作）为主，包括反复洗涤、核对、检查或询问等；③上述两种的混合形式。

案例

强迫症

某校九年级李同学，自开学一个多月，头脑中存在一些毫无意义的想法，一天要想好几个小时，比如：什么时候吃饭？中午吃什么？什么时候给家里打电话？明天穿什么衣服？无法自我控制，往往一个问题得出一个结论之后，自己会推翻这个结论，而后继续想，如此循环。想要控制自己不去想这些问题，但是没有办法控制，导致精神十分疲惫，白天没有精神听课，作业不能按时完成，晚上也睡不好觉。对许多问题失去兴趣，不愿意进行体育运动，回避和同学相处，害怕别人发现自己的不正常，担心自己犯精神病。

（来源：https://wenku.baidu.com/view/578b1ac90508763231121246.html. 有改动）

4. 躯体形式障碍

这是一种以持久地担心或相信各种躯体症状的优势观念为特征的神经症。患者因这些症状反复就医，各种医学检查阴性和医生的解释，均不能打消其疑虑，即使有时存在某种躯体障碍也不能解释所诉症状的性质、程度或其痛苦与优势观念。尽管症状的产生与心理冲突和个性倾向有关，但是患者往往拒绝相信心理病因的可能，常伴有焦虑或抑郁情绪。

躯体形式障碍的症状首先要符合神经症的诊断标准，并且以躯体症状为主，至少符合下列一项：①过分担心躯体症状（严重程度与实际情况明显不相符），但不是妄想；②过分关心身体健康，如过分关心通常出现的生理现象和异常感觉，但不是妄想。

5. 神经衰弱

神经衰弱是指由于某些长期存在的精神因素引起脑功能活动过度紧张，从而产生

了精神活动能力的减弱。其主要临床特点是易于兴奋又易于疲劳，常伴有烦恼情绪和心理生理症状，如紧张、烦恼、易激惹等，伴有肌肉紧张性疼痛和睡眠障碍等生理功能紊乱症状。这些症状不能归因于躯体疾病、脑器质性病变或其他精神疾病，但病前可能存在持久的精神紧张、疲劳。

当个体处于引起心理冲突的处境时常产生抑郁、紧张等情绪，并且伴有生理上的一些反应，如睡眠不安、头昏脑涨等，这些反应是正常的。如果引起心理冲突的诱因得到改善，困难得到解决，或者这个人"想通了"，那么这些心理以及生理上的反应也就自然消失了，不一定发展成为神经衰弱。如果心理冲突不能解决，生理以及心理上的反应持续时间很长，而且产生了疾病意识，也就是患者除了对困难处境的烦恼心情外，还有对症状的忧虑，这时患者的烦恼反应不仅不消失，反而会加重并固定下来。

四、认识人格障碍

（一）定义

人格障碍是指自童年期或者青少年期始并持续发展至成年或终生的、明显偏离正常的人格，使患者形成了固定的异常行为模式。这种模式显著偏离特定的文化背景和一般认知方式（尤其在待人接物方面），明显影响其社会功能，造成适应不良，患者为此感到痛苦，并已具有临床意义。患者虽然无智能障碍，但适应不良的行为模式难以矫正，仅少数患者在成年后一定程度上可有改善。在相当大的程度上，人格障碍会增加其他各种心理障碍和精神疾病发生的危险性，影响着心理障碍或精神病的发生、发展和转归。

人格障碍不同于人格改变。人格改变通常出现在成年期，是由于脑器质性疾病、严重躯体疾病、精神疾病或严重精神刺激之后发生的人格偏离。人格障碍是心理发育不健全的表现，从儿童期和青少年期就出现人格问题，至成年期呈现明显病理性人格，并延续终生。人格障碍的行为表现程度是不同的，轻者过着正常生活，严重者则事事都违抗社会习俗，而且行为明显表现于外，很难适应正常的社会生活。

（二）诊断标准

个体的行为特征（不限于精神障碍发作期）与内心体验明显偏离文化背景，这种偏离是广泛、稳定和长期的，并至少符合下列一项：①认知（感知及解释人和事物，由此形成对自我及他人的态度）的异常偏离；②情感（强度、范围及适切的情感唤起和反应）的异常偏离；③满足个人需要及控制冲动的异常偏离；④人际关系的异常偏离。

症状开始于童年、青少年期，现年18岁以上且至少已持续2年，可诊断为人格障碍，不过需要注意的是人格特征的异常偏离并非躯体疾病或精神障碍的表现或后果。

（三）分类

常见的人格障碍有偏执型人格障碍、分裂型人格障碍、反社会型人格障碍、冲动型人格障碍、表演型人格障碍、强迫型人格障碍等。

1. 偏执型人格障碍

偏执型人格障碍是一种以猜疑和偏执为主要特点的人格障碍。这类人总是将周围环境中与自己无关的现象或事件都看成与自己关系重大的，是针对他而来的。尽管这种多疑与客观事实不符，与生活实际严重脱离，但是他人无法改变这种想法。持这种人格的人与家人、朋友、同事不能融洽相处，别人只好对他敬而远之，以致造成人际关系紧张。

2. 分裂型人格障碍

这是一种以观念、外貌、行为奇特以及人际关系有明显缺陷并表现出情感冷淡为主要特点的人格障碍。分裂型人格障碍患者难以与别人建立深切的情感联系，因此，他们的人际关系一般很差，同时也缺乏表达人类细腻情感的能力。这类人生活平淡、刻板，缺乏创造性和独立性，难以适应多变的现代社会生活。

案 例

分裂型人格障碍

某女性，22岁，无业，在家。初一时，她学习成绩不错，在学校排名前一二，还曾代表学校去参加数学竞赛等。虽性格内向，寡言少语，独来独往，但当同学主动找她玩，她能融入并和大家一起玩。初二时家里出了变故，她从小最疼爱的弟弟突然病逝，这对她打击非常大，由于妹妹无心上学，母亲就把家里的希望全投到她身上。她觉得压力过重，于是开始变得更孤僻，更寡语，对人冷漠，怕羞，敏感，对同学不搭理，成绩下滑，中考时只考了个普通高中。进入高中后，从不主动与同宿舍的同学一起聊天、谈话，只有少数知晓她情况的初中同学主动来找她聊天，关心她，但她对同学的关心并无做任何反应，同学问一句，她才开口，且话不对题，她虽然坐在同学旁边，但好像是在想其他事，好像她跟同学是两个世界的人。她终日离群独处，冥思苦想，有时躺在床上蜷缩着一动不动，睁着眼睛盯着一个地方，同学叫也不反应，偶尔交谈亦不能与人合拍。在一段时间里，她突然经常无故旷课，背着书包在校园里瞎逛，还自言自语，一路痴笑，令人莫明其妙，有人还在背后戏称她为"怪人"。关心她的同学曾带她去看心理医生，医生教她找一种方式发泄出来，比如跑步，但去到操场，没跑几步，她就停下来不跑了，说是听见另一个声音叫她不要跑。五一假期间她留宿在校，一夜之间把宿舍同学的水桶衣架全都打烂折断，舍友假期回来，看到宿舍一片狼藉，心中甚为害怕，最后学校找了她的母亲带她回家了。

（来源：https://wenku.baidu.com/view/86039a404a73f242336c1eb91a37f111f1850db6.html.）

3. 反社会型人格障碍

这是一种以行为不符合社会规范为主要特点的人格障碍。这类人情感淡漠，缺乏同情心；易激惹，常发生冲动性行为；缺乏罪恶感，即使给人造成痛苦，也不会感到内疚自责，因此经常产生破坏性行为，屡教不改，临床表现的核心是缺乏自我控制能力。

患者在18岁前有品行障碍的证据，至少有下述表现中的三项：①经常逃学；②被学校开除过，或因行为不轨而至少停学1次；③被拘留或被公安机关管教过；④至少无故在外过夜2次；⑤经常说谎（不是为了躲避惩罚）；⑥吸烟、喝酒；⑦经常偷窃；⑧多次破坏公共财物；⑨经常挑起事端并参与斗殴；⑩经常违反校规；⑪性活动过早；⑫虐待动物或弱小伙伴。

诊断的关键之处在于患者对自己反社会行为的反应，特别是有无责任感和羞耻心。

4. 冲动型人格障碍

这是一种以情感爆发、伴随明显行为冲动为特征的人格障碍，又称爆发型或攻击型人格障碍。由于发作过程中具有突发性，类似癫痫，故又叫癫痫型人格。这种人在童年时就有所表现，往往因微小的事和刺激，就会突然爆发强烈的暴力行为，自己无法控制，从而造成破坏和对他人的伤害。

5. 表演型人格障碍

表演型人格障碍也称癔症型人格障碍。这类人感情多变，容易受别人的暗示影响，愿出风头，积极参加各种人多的活动，常以外貌和言行的戏剧化来吸引他人注意。他们常感情用事，用自己的好恶来判断事物，喜欢幻想，言行与事实往往相差甚远。

6. 强迫型人格障碍

强迫型人格障碍以过分的谨小慎微、要求严格和完美及内心的不安全感为特征，还表现为经常被讨厌的思想或行为所困扰，但仍未达到强迫症的程度；过分在意工作成效而不顾个人消遣，并忽视人际关系，固执和刻板，要求别人按其规矩办事；因循守旧，缺乏表达感情的能力。一般来说，强迫型人格障碍受到强烈刺激或持续的精神压力影响之后，容易导致强迫性神经症。

人格障碍的形成一般与早期的生活经历和心理发展有很大关系，因此，矫治起来比较困难。矫治人格障碍的过程，实际上是人格的再教育、再次形成的过程，而人格的再建是一项艰巨的工程。心理治疗必须个体化，一种治疗方法对不同类型人格障碍或同种诊断的不同人不一定均有效。当然，在一定范围内，运用有效的方法，还是能收到积极的效果的。

尽管药物不能改善人格结构，但能改善人格障碍症状。症状明显者需用药物加以控制。比如，冲动、攻击行为者用碳酸锂治疗往往能收效；焦虑表现明显者可选用苯二氮类抗焦虑药等。

五、认识精神病

在《中国精神障碍分类与诊断标准（第三版）》（CCMD-3）中，广义的精神障碍包括以下10种情况。

（1）器质性精神障碍；

（2）精神活性物质或非成瘾物质所致精神障碍；

（3）精神分裂症（分裂症）和其他精神病性障碍；

（4）心境障碍（情感性精神障碍，包括躁狂发作、双相情感障碍、抑郁发作等）；

（5）癔症、应激相关障碍、神经症；

（6）心理因素相关生理障碍（比如进食障碍、非器质性睡眠障碍等）；

（7）人格障碍、习惯与冲动控制障碍、性心理障碍；

（8）精神发育迟滞与童年和少年期心理发育障碍（如自闭症等）；

（9）童年和少年期的多动障碍、品行障碍、情绪障碍；

（10）其他精神障碍和心理卫生情况。

而我们一般所说的"精神病"，特指一组严重的精神障碍疾病，由于丘脑、大脑功能紊乱而产生感觉、记忆、思维、感情、行为等方面的异常，常出现各种幻觉、妄想等精神病理症状，同时现实检验能力和社会功能严重下降，自知力缺乏。

（一）精神病的典型症状

精神病的典型症状有三个：自知力的部分或完全丧失、幻觉、妄想。

1. 自知力障碍

自知力又称内省力，是指对自己精神疾病的判断和认识。患者对疾病的态度和认识往往是疾病的组成部分。一般非精神病性障碍如神经症患者，自知力基本完整，即知道自己患有精神方面的疾病，并且积极主动就医；精神病性障碍如精神分裂症患者均有不同程度自知力缺失，即患者不承认自己有病，拒绝就医、服药。

自知力是判断精神疾病严重程度和治疗效果的重要指标之一，但是不能简单地将自知力理解为承认或否认有病，自知力是对疾病的不同层次和不同程度的认识判断过程。在精神病初期，患者保留一定的自知力，能察觉到自己的异常表现，对此感到困惑，并且怀疑自己出现了精神问题。随着病情的发展，患者逐渐地丧失判断能力，否认自己曾经的怀疑，认为自己的表现都是正常的，不承认有病，即自知力丧失。当病情有所好转时，自知力也逐渐恢复。

2. 幻觉

幻觉是一种虚幻的知觉，是在没有现实刺激时出现的知觉体验。幻觉是精神病患者最常见的症状之一，在正常环境中，一个意识清醒的正常人一般不会产生幻觉，只有在殷切盼望、强烈期待、高度紧张和疲劳的情况下，才会出现某种片断而瞬逝的幻觉。常人这类幻觉往往持续时间短，随着时间的流逝、对事情的淡忘以及专业人员的疏导，这种情况会好转。如一位年轻女性痛失她的丈夫，在万分悲痛的情况下有时还会听到丈夫与她讲话，但是过一段时间这种情况就消失了。而作为精神病患者，其幻觉的内容或形式离奇古怪，虽然他的主观感受缺乏相应的现实刺激，但是他始终认为自己的主观感受来自客观现实。

幻听是临床上最常见的一种幻觉，其内容是多种多样的，包括各种不同种类和不同性质的声音，如讲话声、喊叫声、唱歌声、音乐声、无线电广播声等，甚至听到自己体内的某种声音，导致患者情绪紧张，极度烦恼、愤怒和不安，甚至过度兴奋、激动或自伤、伤人。患者有时还会按照声音的命令做出奇怪的行为和意外的危险动作，从而危及自身和他人安全。

幻视也是较常见的幻觉，内容丰富多样，出现的形象可以从单调的光色到人物、景色、场面等，景象有时比实物大（视物显大性幻视），有时则又比实物小（视物显小性幻视），有时清晰、鲜明和具体，但有时也比较模糊。

幻嗅是指患者可闻到奇臭难闻的气味或难以描述的怪气味，如血腥等。有些患者认为有毒气而整天用毛巾捂着鼻子，少数患者可闻到异香味。幻味常与幻嗅同时存在，患者尝到饭菜、开水中有某种怪味，往往因之认为饭菜有毒而拒绝进食。幻触是患者感到皮肤黏膜上有虫爬、烧灼、通电、湿润、抽筋等异常感觉。除此之外，还有前庭幻觉、运动幻觉和内脏幻觉等各种各样的幻觉。

3. 妄想

所谓妄想就是指在意识清晰情况下无中生有或缺乏事实根据，而患者却坚信不疑，并无法被事实说服的一种病态信念。妄想是思维变态的一种主要表现。一般来说，妄想症患者没有幻觉的症状，少部分会有和妄想主题相关的幻触或幻嗅。除了跟妄想相关的内容可能受影响外（如怕被坏人追杀而躲在家中），其余的行为、外观等都很正常，患者的人格、智能以及与环境间的关系并没有出现太大的障碍。

妄想内容一般都与个人经历、社会和文化背景有关，并且基本关系个人的安全、荣誉、需要等。按照妄想内容可将妄想分为被害妄想、嫉妒妄想、钟情妄想、躯体妄想、自大妄想。

妄想症虽然是精神病的典型症状，但是妄想症并不是精神病患者的特权，普通人可能都出现过各种"妄想"的念头。至于有妄想念头的人是否需要专门治疗，还要看这些念头是否干扰正常生活。

（二）精神病的早期识别

如果已经诊断为精神病，必须转入精神科接受药物治疗。当然，对于精神病患者来说关键在于早期发现，早期治疗，即要学会发现精神病的早期症状，及时就诊。但是，精神病的早期症状如同其他疾病一样，症状轻、不典型，往往不为人注意，或认识不到是精神病，以致延误治疗时机，给患者带来不良后果。下面是精神病早期症状的表现。

（1）性格改变。如原来有涵养的人变得出口脏话，对人无礼；原来热情的人变得对人冷淡，与人疏远，孤僻。

（2）神经症症状。如失眠、头痛、易疲劳、注意力不集中、情绪不稳、工作学习能力下降以及癔症样表现等。

（3）情感改变。早期的情绪变化常表现为情绪低落，抑郁寡欢，愁眉不展，唉声叹气，悲观厌世，甚至出现自杀行为；或情绪高涨、洋洋自得、趾高气扬、夸夸其谈，或情绪波动，常无客观依据地提心吊胆，担心自己或亲人很快会有疾病或灾祸临头，为此感到神经紧张、忧虑不安、坐卧不宁、无法放松。

（4）行为改变。有的患者动作和行为变得怪异，无意义动作增多，并且呆板重复；有的患者生活懒散，无法工作和料理家务；有的患者反复重复同一个动作，或者表现刻板仪式样动作等。

（5）注意力不集中，记忆力下降。注意力分散或迟钝，好遗忘，丢三落四，工作效率下降。

（6）敏感多疑。如怀疑有人讲自己的坏话，别人的言谈举止都在针对他，甚至认为电视上、广播里、报纸上的内容都与他有关；感觉自己的同事、邻居甚至父母兄弟会害他，惶恐不安；有人觉得周围一切事都变得对他不利，有某种特殊的含义等，这种人对自己的观念常坚信不疑，别人的劝说、解释都不能改变他的观点。

特别提醒朋辈心理辅导员注意的是，心理问题与精神疾病诊断，是一门非常复杂、深奥的学问，绝非想象的那么容易、简单，请大家千万不要胡乱猜测、乱贴标签、先入为主、对号入座，甚至疑神疑鬼，草木皆兵，乃至落下心病，徒增烦恼。在实际工作中，我们经常碰到这样的同学，因为自我的不良暗示而出现心因性的心理问题甚至心理疾病，并且该现象有日渐增加的趋势。

对此问题，有一个简单的解决办法：一旦发现自己或周围的同学可能有某些精神症状，一定要及时寻找心理教师的帮助，或者转诊到医院的心理科或精神科，请专家诊断处理为好。

第二节　揭开心境障碍的面纱

心境障碍包括躁狂症、抑郁症、双相情感障碍（躁郁症）。笔者从工作实践中发现，近几年，越来越多的大中学生被诊断为抑郁症或双相情感障碍。本节特对此两种疾病做一介绍。

一、认识抑郁症

（一）抑郁症状的 ABC

抑郁症是一类（而不只是单一种）复杂疾病，有生理易感性基础，与后天环境发生相互作用，导致人体表现出一系列"抑郁症状"的持续动态过程。

抑郁症的症状如下，括注的 A、B、C 分别代表情绪反应、身体反应和认知反应。

1. 整天大部分时间感觉抑郁（A）

人们对抑郁症有一点小小的误会，总是以为抑郁症的患者每天都是难过、伤心的，实则不然。更准确的描述是，抑郁症患者往往觉得空虚、毫无价值感。而"抑郁"的反义词也并非"高兴"，而是"有生命力"。

2. 食欲与体重下降（B）

人的情绪总是跟食欲有关。关于体重下降，更严格的诊断是，体重在一个月内有超过5%的变化（刻意减肥、增肥不计）。令人意外的是，有些抑郁症患者，在相当长的一段时间里，并不能感受到自己体重真的有变化。

3. 失眠与睡眠过多（B）

很多人最初来到咨询室，不会说"我抑郁了"，而常常会说"我最近晚上失眠"。有一个研究说，失眠有三个阶段。首先是很难入睡，而后会发展为夜里反复醒来，最后是早醒无法入睡，即可以入睡，但凌晨三四点钟会醒来，并保持清醒至天明。

4. 身体运动性迟滞（B）

抑郁症患者，往往会发生旁人可以观察到的行为变化：行动和思维变得迟缓。

5. 感觉疲累无力（B）

抑郁症，说白了，是一种身体疾病。就像得了肺炎会发烧一样，若得了抑郁症，身体里面的化学物质会发生改变，让人觉得疲劳，没力气。有些抑郁症患者即使一天睡 22 个小时，仍然觉得很疲惫。

6. 自觉无价值感或过分内疚（C）

没有人愿意消极思维，抑郁症患者也会努力地想要更积极一些，甚至会因为自己的"消极"而不断自责。但这种"消极"是抑郁症的症状，更宽泛一些说，这亦是身体里化学作用的结果，其实是超出抑郁症患者自己的控制能力的。

7. 注意力与思维能力下降（C）

抑郁症患者的注意力与思维能力下降，打个比方，就像熬夜学习了三天三夜后，会头晕，想东西特别慢，注意力怎么也没办法集中。一个更有趣的描述是，就像健康时，你想事情能想一个圈甚至两个圈；抑郁的时候，想一半，圈圈就卡住了，回头连刚才在想什么，都记不住。

8. 失去感受快乐的能力（A）

抑郁症患者对一切事物都失去兴趣，不管做什么，都不会感到开心。

9. 反复出现自杀的念头（C）

如果以上症状出现 5 种或以上，并且包括症状 1，而且持续了至少 2 周，就说明处在罹患抑郁症的高风险之中。

千万不要认为，人只有严重到对生活完全丧失兴趣，才值得去寻求帮助。更不幸但确实常见的事情是，抑郁症患者往往很聪明亦很努力，他们常常在有初期症状的时候，咬牙坚持，认为挺一挺就过去了，他们甚至更苛刻地要求自己像个健康人那样生活、工作。

而更善待自己、善待生活的方式是：当你感觉不适，请及早寻求专业的诊断和帮助。就像口渴了要喝水，骨折了要养伤，抑郁症作为一个生理、精神可见的疾病，它值得你认真地给它一剂药方。

求助渠道包括医院精神科和心理咨询。精神科医生能够对抑郁症患者进行诊断、开药。轻度抑郁症患者可以接受心理咨询的帮助，而中重度抑郁症患者首要的是听医生的话，不管有多少人告诉你，医学还不成熟，也不管有多少人传说不看医生就能治好病。要相信，医学已经是目前被检验过的、最有效的方法。在病情稳定的时候，可以辅以心理咨询。

（二）抑郁症的病理机制

抑郁症有很多可能的起因，包括大脑激素、神经递质的不平衡，基因易损性，遗传，生活中的压力事件，药物以及药物滥用问题。一般来说，我们认为是这些因素中的部分或全部共同作用导致了抑郁症。其中，长期压力与抑郁症密切相关。

1. 压力抑郁的S-ABC模型

加拿大生理心理学家汉斯·塞利（Hans Selye）认为，人们在长期压力下，会经历以下三个阶段：紧急应变期、长期抗争期和身心衰竭期。

（1）紧急应变期。

当压力来临，人体觉察到威胁，激活交感神经系统引起警戒反应，肾上腺释放肾上腺素和去甲肾上腺素，启动"战"或"逃"状态，这时会出现瞳孔放大，口水收干，心率、血压、呼吸频率增加，消化系统停顿，生殖系统停顿，骨骼肌收紧，新陈代谢率提高等现象。这是机体在动用足够的能量来应对压力。

（2）长期抗争期。

如果压力源持续存在，上述警戒反应慢慢消失，内分泌系统释放皮质醇，皮质醇将氨基酸、蛋白质和脂肪分解成葡萄糖，以确保身体有充足的长期能量供给，应付长期适应所需的能量。

长期压力状态下，压力激素皮质醇长期偏高，皮质醇将氨基酸分解成葡萄糖，由于很多神经递质是氨基酸的合成物，氨基酸被分解，导致脑中一些重要的神经递质如多巴胺（影响快乐情绪）和血清素（影响情绪调控）下降。

当我们觉察到环境中的危险时，杏仁核就会活跃起来，带来焦虑感和恐惧感，让我们下意识地避开不利的影响。在长期压力的状态下，杏仁核被经常激活，变得敏感而过度活跃。

（3）身心衰竭期。

压力源过强或持续时间过长，个体的资源被耗竭，没有能力适应压力源，不良的生理反应不断出现，导致疾病甚至死亡。

从压力反应的这三个阶段，我们可以看到长期压力是如何影响抑郁症的，我们称之为压力抑郁的S-ABC模型。

在持续的压力源（刺激S）的刺激下，个体的多巴胺减少，血清素减少，因此极易感到深度的抑郁，并且无法调节（情绪反应A），杏仁核的过度活跃，使得周围的人和事都会极易地刺激到个体，引发个体的负面情绪。负面情绪启动负面记忆偏差（认知反应C），导致负面注意偏差（认知反应C），个体的思维变得消极，对自我、对周围的人与事、对未来都只持负面看法，变得无助和绝望，慢慢地会觉得自己毫无价值。同时，个体的生理功能慢慢衰竭（身体反应B），会出现诸如食欲不振、失眠或嗜睡、疲惫无力等反应，而这些身体反应又会进一步启动个体的负面认知偏差，严重的甚至会反复出现自杀的念头。

这只是大量研究中的部分成果，抑郁症的机制非常复杂，很可能在你我的有生之年还看不到完整答案。但了解这方面的知识，有助于我们从不同的角度来看待抑郁症。得了抑郁症不是因为性格不好、意志薄弱，而是因为我们的大脑生病了，这是一种有生物基础的疾病。

2．抑郁症的易感因素

（1）遗传因素。

虽然抑郁症并不是遗传性疾病，但是有家族病史，尤其是直系亲属得过抑郁症的人，患病概率更高。一方面与基因有关，另一方面与家庭环境、教养方式等有关。

（2）早期成长经历。

充满压力的早期成长经历，包括受到心理创伤、虐待，尤其是受过性虐待的人，其抑郁症的发病风险可能更高。

（3）应激性生活事件。

吴艳茹等（2007）对青少年的研究结果显示，青少年抑郁症的发病与应激性生活事件有关，主要有学习压力、受惩罚、健康适应、人际关系及其他。侯红波和白倩（2008）的研究也表明，学习压力是青少年抑郁症最大的应激源。郑郭嬗和黄晓琴（2014）的研究表明，不良家庭教养方式和负性生活事件均是青少年抑郁症发病的危险因素，早年经历的不良教养方式导致青少年经历的负性事件增多，成为抑郁的诱发因素。

（4）心理特征。

美国临床心理学家贝克（Beck，1967）发现，抑郁症患者的认知存在明显负性的认知结构，这种负性认知结构成为抑郁的易感因素。贝克认为，深层的功能失调性态度是人们从婴幼儿开始与抚养者及周围世界相互作用形成的消极认知结构，这些消极的认知结构是人们对自己和世界最初的假设或态度，引导着消极歪曲的信息加工过程，从而使得个体倾向于消极歪曲地解释和评价事件，并且这些童年时代所形成的消极歪曲的认知结构图式很少得到质疑和检验，尤其是个体因为遭受一些重大创伤性事件而产生的消极歪曲认知结构图式则更加稳固，个体更加坚信不疑，一般认为功能失调性态度存在于潜意识内，不被意识所觉察，是一种相当稳定的心理特征。

（三）抑郁症的防治

1．源头防郁法

对于中学生而言，导致长期压力的源头主要有两个：学业与人际关系。我们可以尝试从这两个源头来预防抑郁症。

(1) 树立合理的学习理念。

正确看待学习的意义和学业成绩，树立终身学习的理念。从多元智能的角度来看待自己，接纳自己的局限性，探索和发现自己的学习风格，找到适合自己的学习方法和学习策略。

(2) 建立良好的人际关系。

没有药可以取代爱。亲密的人际关系可以降低皮质醇，提升多巴胺和血清素，有利于预防抑郁症。中学生要学习处理亲子关系问题和朋辈人际关系问题的策略与智慧。家庭成员应在平时的家庭生活中避免让中学生参与重大家庭矛盾冲突，例如夫妻矛盾冲突。此外，与动物建立亲密关系有与人建立亲密关系同样的功效。

2. 抗郁技巧

(1) 降低杏仁核的易感性。

定期运动，尤其是定期做有氧运动能降低杏仁核的易感性。有氧运动能加速输送能源及养分至体内及大脑细胞，加速清除体内废物，降低体内压力激素，释放脑内啡来镇静情绪，释放脑源性神经营养因子来调节痛苦和恐惧。压力大时更要多运动。

另外，数呼吸练习、减少咖啡因饮料的摄入和保证充足的睡眠也能有效地降低杏仁核的易感性。

数呼吸练习的步骤

☆ 找个舒适、安静的地方和一张直背的椅子（帮助你把腰挺直，并支撑住背部及头部）。

☆ 坐在椅子上，让臀部顶着椅背，双脚自然着地，双手轻松放在扶手或膝盖上，头部轻松地挺在脖子上，或者靠在椅背上（头勿垂下），肩膀放轻松自然放下。

☆ 闭上眼睛，用鼻呼吸。缓慢地吸气，腹部慢慢胀起，胀至顶点时，慢慢地呼气，腹部慢慢收缩，并在心中数"1"，下次呼气数"2"，数至"10"，又从"1"开始。如此持续呼吸，全身肌肉放松，注意力集中于觉知呼吸，排除杂念。

☆ 每天练习2次，每次10分钟。

抗郁食物

酪氨酸：红米、蛋黄、鸡肉、鲑鱼、猪肉、牛肉、大豆、南瓜子、奶酪。

色氨酸：蛋、大豆、蟹、吞拿鱼、羊肉、火鸡、豆腐、燕麦、香蕉、菠萝、菠菜、奶酪。

（2）养成良好的生活及心智习惯。

俗话说"命好不如习惯好，命不好更要习惯好"，养成良好的生活及心智习惯可以预防抑郁症。

梁耀坚教授推荐的防郁生活习惯

☐ 每天睡至少7~9小时。

☐ 早餐进食适量的蛋白质。

☐ 若果你是个神经过敏的人，戒咖啡因（浓茶、咖啡、可乐）。

☐ 减少进食"非天然食物"的分量。

☐ 每天食3种不同的水果及至少2种蔬菜。

☐ 压力大时每天更要多饮白开水。

☐ 晚餐进食适量的碳水化合物（饭、面、粥、粉等）。

☐ 工作每90分钟左右，做5分钟数呼吸练习。

☐ 工作尽力而为，量力而为。

☐ 每天做30分钟运动。

☐ 与人为善。

☐ 与别人分享自己的感受。

☐ 每周抽空3小时做一样满足自己兴趣的活动。

☐ 每天念："尽人事，听天命，随遇而安！"

☐ 每天睡前做10分钟数呼吸练习。

（3）保持正念。

专注自己的生活，留意身边的小事。这里指的是留意生活中的每件小事，一次一件。这件小事可以是你看到的一个物体，碰到的一个人，手上的一个工作，但要记住：一次只关注一件。

具体来说，当你感到抑郁或焦虑时，有意识地只专注于一件事。例如早晨醒来后，专注于一件事——洗澡，而把其他任何杂念都从大脑里赶走。冲水、洗头发、洗身子……完成这些任务后，继续专注下一个任务——穿衣，然后再专注下一个任务——吃早餐，或乘电梯下楼。等公交车时，专注于身边的环境、与自己一起等车的人，以此类推。把一整天分割成一个个可控的任务，不要在进行一件事的时候在脑袋里思考十件、一百件无关的事情，这样做没有任何帮助，只会给自己的身心增添负担。

从现代科学角度来讲，这种有意识的"正念"能够有效削弱抑郁的影响力，因为它能够帮助训练大脑细胞，避轻就重。在生活中保持正念，有利于摆脱不必要的担心和杂念，让我们专注于当下，同时也是我们唯一能够控制的当下。事实上，如果我们

专注于当下，会发现其实生活中的每个时刻都是美好的，只要不自我放任，不故意往坏处想、往坏处做。最重要的是，正念能够帮助我们倾听他人，从心底发出回应，而不是随随便便走个过场。

3. 正确服用抗郁药物

临床上，许多不同疾病的患者都需要服用抗抑郁药，尤其是抑郁症患者，需要在精神科医生的指导下进行长时间的规范化治疗。

然而，在确诊抑郁症后，许多患者却对抗抑郁药物望而生畏：

"我听说一吃药就药物依赖了，戒不掉，千万不能开始吃！"

"我有朋友也是抑郁症，吃了抗抑郁药之后特别难受，病也没好，叫我不要吃！"

"抗抑郁药会让人发胖！"

"吃了抗抑郁药感觉昏昏沉沉的，脑子不清醒，我还要学习呢，我不能吃！"

该如何看待服用抗抑郁药物的利与弊呢？

上海交通大学医学院附属精神卫生中心的专业精神科医生认为，与抑郁症带来的心理与躯体危害相比，服用抗抑郁药物利大于弊。

（1）抑郁症如果没有得到及时、有效的治疗，将会影响患者的学习、工作和生活质量，加剧患者的自杀风险，同时也会提高其罹患心血管等慢性躯体疾病的风险。抗抑郁药物已经被证实是抑郁症尤其是中重度抑郁症的有效治疗方法，在各个国家的抑郁症治疗指南中均被作为一线的首选推荐。大部分抗抑郁药物的副作用都会随着用药时间延长而减轻。

（2）由于抗抑郁药物的起效时间一般为2～4周，起效时间较长，故可能刚开始用药时患者会出现明显不适，开始服药后前1～2周副作用较明显，而体会不到抗抑郁药物带来的正性治疗作用。但只要随着用药时间的延长，药物疗效显现后副作用也会随之减轻。早期阶段便放弃服药是十分可惜的，也会人为地增加"难治性抑郁症"出现的概率。

（3）临床上存在许多处理抗抑郁药副作用的基本方法，例如逐渐增加药物剂量、睡前服药、饭后服药等。通常，医生都会在初期给患者使用小剂量的药物，之后再慢慢增加药物剂量。这种方法可以提高患者对副作用的耐受程度。而对于能引起疲劳嗜睡的药物，例如米氮平、帕罗西汀等，医生会嘱咐患者在睡前服用，这样在减少副作用的同时还能有助于患者的睡眠。同时，饭后服药也能减轻药物的胃肠道副作用。

（4）对于实在无法忍受的副作用应该及时与医生沟通。患者应该及时反映自己的副作用，医生会据此减少剂量或改变药物种类。患者对于副作用的态度十分重要，不同的患者可能对不同的副作用的在乎程度是不同的。例如胃肠道不适一类的副作用，对于大多数患者来说应该可以耐受；但有些副作用患者可能会觉得实在无法耐受，例如体重增加、嗜睡。如果出现这样的情况，在医生的指导下适当地减少药物剂量，或

是换用另一种不同作用机制的抗抑郁药物也是允许的。

（5）不要因为出现了副作用而擅自停药。擅自停药，很有可能导致抑郁症状复发或诱发"停药综合征"，出现难以忍受的副作用。突然的停药往往会导致药物在血中的浓度出现骤然下降，由此造成一系列的撤药反应，例如头晕、心慌、失眠、呕吐、紧张、焦虑等，但这样的副作用持续时间并不长，而且只在少部分抗抑郁药中会出现。其实更严重的擅自停药的副作用在于患者缺少了抗抑郁药物的保护，从长远来看更容易出现疾病复发。而复发次数越多，治疗效果越差，留下精神残疾越重，复发后重新开始治疗的剂量可能更大。因此如果想停药或减少药量一定要首先与医生沟通，共同制定下一步的治疗方案。

（6）需要警惕少见但严重的副作用。虽然抗抑郁药物尤其是新型抗抑郁药物引起临床严重不良事件的概率非常小，但是如果出现了非常严重的副作用，例如出现自杀倾向、胸痛、呼吸困难、嘴唇肿胀、皮肤风团等，需要立即就医。

（四）帮助抑郁症朋友的方法

（1）专业的事情交给专业的人来做。鼓励朋友就诊，遵医嘱吃药，求助心理咨询。

（2）不要试图改变对方，而是提供陪伴，给他关心、尊重、接纳与爱。

（3）照顾好自己的情绪和精力，不要试图去做救世主。原谅自己的不能，接纳自己的局限，也建立自己的边界。当你觉得筋疲力尽的时候，先好好照顾自己，这样才有可能照顾好他人。

二、认识双相情感障碍

（一）双相情感障碍的识别

你的身边是否有这样一种人？他时而情绪高涨，时而悲伤低落。他还可能非常易怒。即使没有人和他对话，他也能说个不停。他可能会酗酒或滥用药物。他可能有时又会妄自尊大。他可能会有些天马行空的想法。他可能有睡眠问题，亢奋时即使睡两三个小时，也会感到精力充沛；沮丧时一直嗜睡，但也感觉疲惫乏力。

如果你的身边有这样的人，请给他多一些耐心和关爱，因为他可能是双相情感障碍患者。

1. 定义

双相情感障碍属于心境障碍的一种类型，也称躁郁症，指既有躁狂发作又有抑郁发作的一类疾病。其临床表现按照发作特点可以分为抑郁发作、躁狂发作或混合发作。

双相情感障碍可以有很多伴随症状,有反复发作和循环发作的特点(见图1)。

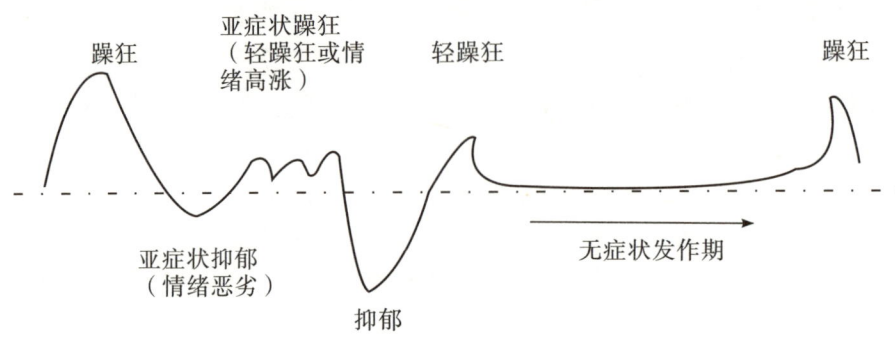

图1 双相情感障碍的病程特点

2. 表现

(1)躁狂状态:以情绪高涨和/或易激惹为主要特征,且相对持久。首次发作情绪障碍至少已持续2周。具体表现如下:

①言语比平时增多或滔滔不绝;

②注意力不集中,容易转移;

③意念飘忽,思维奔逸;

④自负,自我评价过高;

⑤自我感觉良好,感到头脑灵活、身体特强壮或精力充沛;

⑥睡眠需求减少;

⑦活动增多(如工作、日常活动、社交及性行为方面);

⑧轻率任性,不顾后果。

(2)抑郁状态:症状以心境抑郁为主要特征,且相对持久。首次发作情绪障碍至少已持续2周。具体表现如下:

①对日常生活丧失兴趣或无愉快感,性欲减退;

②精力明显减弱,无原因的疲倦,无力;

③反复出现死亡念头,或有自杀企图或行为;

④自责或内疚感;

⑤思考能力或注意能力减退;

⑥精神运动迟钝或激越;

⑦失眠、早醒或睡眠过多;

⑧食欲减退,体重明显变化。

以上两种症状,严重的可能出现社会功能(如工作、学习、社交或日常生活能力)明显受损,伴随精神病性症状,如幻听、妄想等,通常需住院治疗。

3. 与抑郁症的区别

双相情感障碍是一种以情感异常高涨或低落为特征的精神障碍性疾病，兼有狂躁状态和抑郁状态两种主要表现。双相情感障碍患者并不总是在狂躁和抑郁两种情绪中不间断转换的，大多数的患者也会有一个空档期，在这期间患者既不狂躁也不抑郁。

而抑郁症又称为抑郁障碍，以显著而持久的心境低落为主要临床特征，是心境障碍的主要类型，是一种单向的情绪障碍。如果说抑郁症患者大多数时候的状态像是沉在湖底，那么双相情感障碍就像是坐过山车，时而登上躁狂的高峰，时而陷入抑郁的低谷。

（二）双相情感障碍产生的原因

双相情感障碍产生的原因是多方面的，既有生物学因素，也有社会心理因素等。

生物学因素包括遗传、神经生化等。从遗传学来说，产生双相情感障碍的相当一部分原因与遗传有关，血缘越近，发病率越高。多项研究证明，双相情感障碍有生理病变基础。患者情绪的波动和冲动行为并不能由患者自己控制，就像我们不能要求一个感冒的患者用思维来赶走病毒，也不能要求一个高血压患者去控制自己的生理反应。

双相情感障碍发作的社会心理因素主要包括不良的应激性生活事件等。比如生活中发生诸如失业、亲人离世、婚姻失败等变故，造成长时间精神高度紧张的状态，心理失衡，从而促使了双向情感障碍的产生。

有多少人患有双相情感障碍？由于中国关于双相情感障碍人群的研究较少，现以美国的两大研究为参照：1980 年至 1985 年在五个地点进行的流行病学集中区域调查（epidemiological catchment area，简称 ECA），以及 1990 年至 1992 年以全国人群为样本的全国共患疾病调查（national comorbidity survey，简称 NCS）。美国的这两项研究得出以下数据：每年大约有 1 900 万美国人被诊断为双相情感障碍（双相 I 型、双相 II 型），也就是说每 1 000 人当中就有 6.8 个人患病。近乎一半的患者并没有接受任何治疗，多数患者的下场是流落街头或锒铛入狱。男性和女性患双相情感障碍的概率大致相同。在美国及世界其他国家，双相情感障碍似乎都呈现出区域差异。在 19 世纪之前，患双相情感障碍的人很少；自 19 世纪以来，双相情感障碍的患病人数越来越多。

（三）双相情感障碍的治疗

如果你身边有患有双相情感障碍的人群，请理解他们的情绪变化，同时可以建议他们尽早去精神科就诊，遵医嘱治疗。生活中请给予他们足够的尊重和呵护，让他们有信心去重建情绪平衡与人际网络，而不是任由他们在好奇、嘲讽、冷漠中迷失流浪。

虽然双相情感障碍目前还无法根治，但依然可以通过治疗减缓或控制。如果能在第一次发作后就尽早发现和治疗，相对来说更容易控制病情。如果出现了上述症状，尤其是有家族史的家庭，建议到精神卫生中心或专科医院求医。

药物治疗是双相情感障碍的重要治疗手段之一，也是目前公认的较好选择。双相情感障碍患者应配合医生定时定量用药，并及时向医生报告出现的各种副作用。多寻求不同医生的药物意见，对于治疗这种极易误诊的病来说也很重要。

双相情感障碍的患者可能会因为无法自控而感到挫败、自责和低自尊，同时还很容易面临"你为什么管不住自己"的指责。其实，在大脑机能正常运转时，我们应当为自己的言行负责，但当疾病带来大脑的紊乱时，要求完全的"自制"是不现实的。

这种变化发生在大脑深处，无法被肉眼观察。很多人并不知道也不愿意相信它的存在，出于不理解或不知情况下的误解和指责，可能会使患者雪上加霜，成为新的负面应激因素，这就要求父母、教师、同学和朋友多一些耐心、包容和理解来维持对患者的关怀。如果父母可以和孩子一同学习情绪障碍和治疗药物的相关知识，并帮助孩子理解发生在自己身上的事，引导孩子配合治疗，那么会对治疗有更大的帮助。

此外，心理咨询可作为辅助，比较典型的有认知行为疗法、家庭治疗等，帮助患者学习情绪管理、沟通和问题解决方面的技巧。

广州市部分专家门诊

1. 中山大学附属第三医院

姓名	职称	擅长
关念红	主任医师	各种心理问题及精神障碍，尤其是儿童及老年心理（精神）障碍，以及抑郁症的诊治
魏钦令	主任医师	精神分裂症、抑郁症、双相情感障碍、各类焦虑障碍、睡眠障碍、器质性精神障碍的诊疗，尤其是精神分裂症的早期干预
韩自力	主任医师	儿童、青少年心理问题及精神障碍的诊治
王相兰	副主任医师	抑郁障碍的鉴别、诊断及治疗
吴小立	副主任医师	抑郁症、焦虑症、心境障碍和精神分裂症等精神科常见疾病的诊治，尤其是情绪障碍的诊治及精神分裂症的全病程治疗
陈永平	副主任医师	临床心理学及临床精神病学
王继辉	副主任医师	焦虑症、抑郁症、心境障碍和精神分裂症等常见精神疾病的诊治，尤其是慢性失眠、焦虑障碍的诊治

2. 暨南大学附属第一医院（广州华侨医院）

姓 名	职 称	擅 长
潘集阳	主任医师	焦虑障碍、抑郁障碍和睡眠障碍（包括儿童与老年人）的诊断和药物治疗
贾艳滨	主任医师	焦虑、抑郁、强迫症、双相情感障碍及精神分裂症的临床诊断与药物治疗；儿童、青少年多动及学习困难、情绪障碍、适应障碍以及注意和记忆障碍的评估与诊疗；认知行为心理治疗
孟宪璋	主任医师	诊治各种心理障碍及精神病的诊断和治疗，尤其擅长心理咨询和心理治疗；各种儿童行为异常的诊断和治疗
陈裕斌	副主任医师	疑难、复杂病症的诊断治疗，心理治疗及咨询，并且与药物治疗相结合。诊治范围：心理或身体原因引起的各种精神、心理、情绪、睡眠障碍，头痛头晕、酒依赖及吸毒相关问题
徐 伊	副主任医师	各种精神心理障碍，如焦虑、抑郁、失眠、双相情感障碍、精神分裂症、强迫障碍等重性精神疾病的临床诊疗；擅长心理咨询和心理治疗

3. 广州市惠爱医院（广州市脑科医院）

姓 名	职 称	擅 长
彭红军	主任医师	心理健康、儿童青少年发展、亲子婚姻家庭关系等问题的心理咨询及治疗；应激相关障碍、神经症、情感障碍、精神分裂症等疾病的诊治
吴福喜	主任医师	抑郁症、精神分裂症、双相情感障碍的诊断与治疗
徐文军	副主任医师	心理咨询、心理治疗、心理健康教育，抑郁症、焦虑症、恐惧症、神经衰弱、睡眠障碍等疾病的诊断和治疗
朱玉华	副主任医师	心境障碍、神经症的家庭治疗及精神分析
孙祺章	副主任医师	抑郁症、焦虑症、睡眠障碍、精神分裂症、偏头痛等的诊治
薛士健	副主任医师	精神分裂症、抑郁症、焦虑症、心境障碍及失眠症

4. 广东省精神卫生中心（广东省人民医院心理精神科）

姓 名	职 称	擅 长
贾福军	主任医师	失眠症、焦虑症、抑郁症的诊治及精神障碍的鉴定
许明智	主任医师	焦虑、抑郁、睡眠、功能性躯体不适、认知功能、进食、疲劳等障碍的评估、诊断和治疗，心理问题的咨询和辅导

续上表

姓　名	职　称	擅　长
于瑞丽	主任医师	女性情绪障碍，儿童、青少年心理行为障碍，成年人焦虑、抑郁及睡眠障碍
林勇强	主任医师	各类严重和轻性精神障碍的诊断、治疗与康复，各类心理障碍的心理咨询和治疗
范长河	主任医师	抑郁症、焦虑症、睡眠障碍、心理应激障碍、双相情感障碍以及精神分裂症等各种精神心理障碍的早期诊断与干预
林海程	主任医师	失眠障碍、焦虑障碍、抑郁障碍、精神分裂症等心理精神障碍的诊断、治疗与康复
李　刚	主任医师	抑郁症、躁狂症、焦虑症和失眠等心理精神疾病的诊断和治疗，对家庭婚姻、社交问题、亲子关系、青少年成长过程心理问题及其各种相关情绪问题的心理咨询和治疗也有一定研究
宁　布	主任医师	常见心理精神问题（如失眠、情感不稳、思觉问题等）的诊治，心理创伤、人际关系及与性相关问题所致的心理问题的心理治疗
尹　平	副主任医师	各类精神心理障碍、情绪失调、心身疾病、失眠障碍及家庭婚姻、亲子教育、人际交往、压力调适、心理创伤等心理问题的处理和治疗
戚元丽	副主任医师	儿童和青少年心理、情绪及行为障碍的早期诊断、干预，学习困难、多动症、抽动症、情绪障碍、不良个性、儿童行为问题、睡眠障碍以及精神分裂症等重性精神疾病的诊治

第三章 中学生常见的心理问题

本章总结了中学生常见的心理问题,并根据这些问题提出了一些调试的具体方法,朋辈心理辅导员可以尝试用这些方法帮助同学对一些问题做出初级干预。如果遇到无法解决的心理问题或者苦恼时,朋辈心理辅导员可以建议同学积极地向学校学生发展指导中心寻求帮助。

第一节 学习问题

学习是学生的天职,考试是学生的关卡。中学生在学习上遇到的困难不仅会影响其心理健康,也会影响其未来的发展。

一、学习动机缺乏

(一)学习动机缺乏的表现

学习动机缺乏主要表现在以下几个方面:
(1)缺乏学习动力,没有求知欲望,不愿意上课,学习没有目的。
(2)缺乏正确的学习方法。
(3)缺乏学习的自信心、自尊心。
(4)情绪出现问题。
当然一个学生缺乏学习动机的表现远不止这四种,只要仔细观察就会发现他的一些异常表现,如个别学生不是过着紧张有序的生活,在学生群体中如同一个局外人,这种状况如果任其发展下去,不但学生的学业无法完成,也很容易让学生的心理沿着非健康的轨道发展下去。

（二）学习动机缺乏的调适方法

当学习动机缺乏时，可通过以下方法进行调适：
(1) 培养学习兴趣，端正学习态度。
(2) 改善学习的外部条件，创造良好的学习氛围。
(3) 积极地与学习优秀的同学交流学习方法等。

二、学习动机过强

（一）学习动机过强的表现

学习动机过强同样不利于学生的心理健康，主要有以下表现：
(1) 成就动机过强，急于成功担心失败，给自己造成了很大的心理压力。
(2) 奖励动机过强，学习只是为了获得奖励，以考试为中心，学习方式呆板。
(3) 学习强度过大，不善于劳逸结合，常常处于过度疲劳状态。

（二）学习动机过强的调适方法

当学习动机过强时，可通过以下方法进行调适：
(1) 调整学习心态，正确面对奋斗目标。
(2) 正确认识自己的潜力，量力而行，制定合理的目标，脚踏实地，不好高骛远。
(3) 注意劳逸结合，培养广泛的兴趣爱好，积极参加各类文化娱乐活动。
(4) 克服虚荣心理，学会调整情绪，保持旺盛的学习斗志。

案例

一名学生因为一次考试没有考好，一直郁闷不乐，责备自己不够努力，于是拼命学习，对自己严格到近于苛刻的程度。然而接下来的考试还是没有考好，她觉得没有道理，并说自己快要崩溃了。朋辈心理辅导员通过询问得知，这位同学的成绩一直不错，而她认为没有考好的这两次考试的成绩也在85分以上。这位同学表现出过强的学习动机，因此产生了较严重的情绪障碍，其根源在于她存在一些不合理的信念和认知模式。下面是这位同学和朋辈心理辅导员的对话。

同学：我付出了这么多努力，我完全应该成功，却没有考好，这实在没有道理。
辅导员：只要付出了努力，就一定会成功吗？
同学：我想是这样。
辅导员：不管环境如何，方法如何，只要努力就会成功吗？
同学：（沉默）

辅导员：你的同学中也只有你一个人在努力学习吗？
同学：不是，很多同学都很努力。
辅导员：那么这些同学是否都考得非常好呢？
同学：也不全是，但我觉得我应该考得好一些。
辅导员：别人都可以考试失败，而你不能？
同学：也不能这样说。
辅导员：每个人都有成功的时候，也会有失败的时候，是吗？
同学：是。

学习动机过强与学习动机缺乏一样，同样会降低效率，甚至还可能导致心理的困扰和生理的不适。有关研究指出："动机过强或过弱，不仅对学习不利，而且对保持动机也不利。"

（来源：https://wenku.baidu.com/view/649f03a10029bd64783e2c55.html. 有改动）

三、注意力不集中

（一）注意力不集中的表现

注意力不集中主要表现在以下几个方面：
（1）对学习的内容不感兴趣，造成课堂注意力不集中。
（2）没有学习目标，不知道如何学习。
（3）不能很好地在学习的时候长时间集中注意力。

（二）注意力不集中的调适方法

当注意力不集中时，可通过以下方法进行调适：
（1）加强对学习内容和目的的理解。
（2）制订明确的学习计划。
（3）提高自身修养，转变和调控各种不良情绪。
（4）培养抗干扰能力。
（5）注意劳逸结合，松紧有度。

案例

某初中学生上课、学习时的注意力不集中，或喜欢东张西望，或埋头做自己的事情。做事不能持久，容易旁骛。学习起伏变化较大。

个人陈述：我是一名初一学生，刚进入初中学习时，对新的生活充满了期待和希望。加之父亲就在我所读的学校任教，我期盼着自己能好好学习，成绩优秀，不给父亲丢脸，得到老师的表扬和肯定。刚开始时想到这些，我对学习充满了信心。但没过

一周，我上课就不由自主地开起了小差，有时喜欢抠下手指，挠挠耳朵，抓抓头皮，时不时跟同学交头接耳，惹一下同桌。虽然我也常常暗自提醒自己要认真，但还是走神，以至于常受到老师的批评。可能因为老师都是我父亲同事的缘故，他们对我比较关注，特别是英语老师，对我的要求很严格。但英语是我最不喜欢和最爱开小差的学科，所以我经常受到老师的"特别照顾"——到办公室完成作业，谈话，接受惩戒。而这些我特别害怕父亲知道，因为那意味着又是一顿训斥和打骂。一个月下来，同桌实在受不了我的骚扰，几次三番向老师提出调座位。班主任老师也觉得我很难自控，于是把我调成了一人坐一桌，但我还是改不了不专注的毛病。入学考试时我的成绩特别差，但还是分在了一班。在我的努力下，学月考试的排名一下子上升了30多名，但半期考试我又下降了40名左右。马上要期末考试了，我对自己的这种情况很是恼火，越来越害怕考试。周末写作业时，我做一会儿就不耐烦了，总想到电视、电脑游戏，去找点好玩的，结果往往完成不了作业，到周一上学时才马马虎虎地赶，为此没少挨批评。最让我着急的是我上课注意力不能集中，经常是不知道脑子里在想些什么就到下课时间了。别的同学都能全神贯注，而我却老是走神，我真是既着急又担心。一想到这些，我心里就特别难受。最近一个多月，晚上上床后我老想着这些事，有时候得一两个小时才能睡着，白天无精打采，注意力更集中不起来了。

（来源：https://wenku.baidu.com/view/405ccacc8bd63186bcebbca6.html.略有改动）

四、学习焦虑

（一）学习焦虑的表现

学习焦虑是指学生由于不能达到预期学习目标或不能克服学习上的各种困难，致使自尊心、自信心受挫，而形成的一种带有恐惧情绪和紧张不安的精神状态。最常见的学习焦虑是考试焦虑。考试焦虑是在一定的应试情境激发下，受个体认知评价能力、人格倾向与其他身心因素所制约，以担忧为基本特征，以防御或逃避为行为方式，通过不同程度的情绪性反应所表现出来的一种心理状态。简单而言，考试焦虑是个体对考试过于紧张，担心自己考试失败有损自尊而形成的一种高度忧虑的负性情绪。2018年，华南师范大学附属中学（以下简称"华附"）利用"中学生学习动力因素量表"对高一新生进行普测，发现考试焦虑很强和较强的比例分别为40.81%和40.26%，而在2017年这两者的数据分别为39.09%和40.36%。从这个角度而言，考试焦虑是学生的一种常态。

现在学界一般认为，考试焦虑的临床表现由认知、行为和生理三种成分构成。

1. 认知成分

考试焦虑的认知成分是以担忧为特征的、由消极的自我评价或他人评价所形成的意识体验，具体包括对失败的担忧，自我占据和自我集中的注意，认知干扰等。当个体的考试焦虑处于高水平时，其普遍存在的想法主要有：①将自己的成绩与同伴相比较；②对考试产生失败的预期、担忧、害怕；③对成绩的低自信；④对评价过多地担心；⑤因父母而引起的烦恼；⑥觉得对考试准备不足，产生担忧、自我顾虑、知识遗忘及与考试无关的想法；⑦丧失自我价值。

2. 行为成分

考试焦虑的行为表现是指在考试准备、参加及结束后对考试所表现出来的异常的、公开的行为或活动。它是通过防御或逃避而表现出来的一定的行为方式，主要包括拖延和逃避，前者表现为考试前精力不能集中，制定计划不能履行，借故拖延；后者表现为在考场上紧张多动、缺乏条理、思维混乱、中止考试等行为。

3. 生理成分

考试焦虑的生理成分表现为自主神经紊乱，自主神经系统活动增强，引发如心悸、口干、呼吸困难、胃肠不适、多汗、震颤、尿频、头痛、失眠等症状。

有研究者根据不同时期焦虑的表现，将考试焦虑分为以下三种类型：

（1）考前焦虑，表现为持续的焦躁不安，心中总惦记着考试，常会感到自己什么都没学会，学习时精力分散，甚至引发消化不良症状。

（2）考中焦虑，表现为平时背得滚瓜烂熟的知识在考试中忘得精光，许多考题似曾相识就是想不起来，口干燥，大脑不听使唤，担心考不好大家将如何看待自己，对考场上的偶然刺激特别敏感。

（3）考后焦虑，表现为忐忑不安、不自信，考糟了就会对自己的能力产生怀疑，担心别人对自己的评价，厌恶、逃避考试。

（二）学习焦虑的调适方法

调适的方法包括引导学生：
（1）从实际出发，确定适当的期望值。
（2）端正考试动机，正确评价考试成绩及意义。
（3）做好充分的考前准备，形成良好的考试状态。
（4）放松训练。
（5）自信心训练。
（6）有效的时间管理等。

如何面对焦虑

认同焦虑情绪背后的积极力量。其实焦虑情绪并不可怕,可怕的是对焦虑情绪的排斥,从而内耗自己的精力。以下是面对焦虑时可采取的一些方法。

1. 书写

把对于某件事情的想法清晰地写下来,这非常重要,不能只是在脑子里想想就算了。因为有时候我们之所以对一件事感到焦虑,往往是因为我们不知道在焦虑什么。一旦我们能清晰地意识到自己在焦虑什么,我们就可以想办法对付它。

2. 自信心训练(认知)

(1)有什么证据支持原来的想法?(想法的合理性与真实性)
(2)有没有其他不同的想法?(正向思考)
(3)就算原来的想法合理,最坏的结果是什么?是否就真的那么可怕?
(4)有什么解决办法可以避免最坏的结果?
(5)我决定用哪种方法?什么时候开始做?

3. 行动(面对问题,解决问题)

将大目标分解成小任务,这样可以将最终目标的庞大压力分解。

放松训练

放松训练能放松情绪,适用情绪包括愤怒、紧张和抑郁。

虽然我们每天都在呼吸,可是大部分的呼吸都是属于胸式呼吸,尤其当一个人处于紧张焦虑时,更是经常采取胸式呼吸。胸式呼吸是一种短促且快速的呼吸,容易产生窒息感、换气过度等情形。腹式呼吸是一种能吸入最多氧气的呼吸方法,当我们很生气的时候,暂时抛下执着,把注意力集中在腹式呼吸上,能刺激副交感神经系统,有助于放松、安定精神、改善专注力及排泄身体的废弃物,所以腹式呼吸是学习放松的第一步骤,也是最重要的一个窍门。

具体做法:

(1)先找一舒适位置,减轻束缚,坐或躺皆可,将双手置于肚脐前,中指轻轻接触。
(2)由鼻子吸气再由嘴巴吐气。
(3)当吸气时,肚脐尽量往上顶,直到中指尽量分开,想象胸部与腹部之间有层横膈膜,想办法把横膈膜向下拉,横膈膜下降,胸部便会自然扩张,气体便会流至胸腔之内。
(4)吸气时默念"1秒钟、2秒钟、3秒钟、4秒钟"并暂停一秒,仔细感觉放在腹部的手会跟着上升约2厘米(切记:不要牵动您的肩膀),并想象温暖且放松的气体流进您的体内。

（5）慢慢地吐气，将嘴嘬成小圆状，吐气速度越慢越好，越慢越能产生安全、平静且放松的感觉，仔细感觉放在腹部的手会跟着下降，并想象所有的紧张也跟着释出。

（6）若您感觉轻微头晕，则改变您的呼吸长度及深度。

（7）重复以上动作5～10次。

贴心叮咛：

（1）吸气和吐气的速度尽量放慢，只有你自己觉得放松了，才是正确的速度。

（2）一开始练习并不能很快地让空气达到肺部深处，必须一再地练习，才能使自己更专心。

（3）若难以维持规律的呼吸，则轻轻地深呼吸，维持1～2秒，再嘬嘴缓慢吐气约10秒，之后再开始先前的腹式呼吸步骤。

第二节 人际交往问题

一、人际交往问题的类型

1. 自卑与自傲

自卑是指个体对自己评价过低，在交往中表现为畏惧、退缩、逃避和缺乏自信，有时甚至产生一种失落感、孤独感和不安全感。可见，自卑是影响交往的严重心理障碍，直接阻碍一个人走向群体，去与他人交往。自傲是指在人际交往中表现出一种优越感，盛气凌人，自以为是。持自傲心理的人在群体中常常令他人感到讨厌。

2. 投射效应

投射效应是指在人际交往中，认知者形成对别人的印象时总是假设他人与自己有相同的倾向。如有的学生对别人有意见，总以为别人对他也怀有敌意，甚至觉得对方的一举一动都具有挑衅色彩；有的学生爱背后议论别人，总以为别人也时常在背后议论他。

3. 社交嫉妒

社交嫉妒是指在与他人交往的过程中，发现自己在某个或某些方面不如他人而产生出来的由憎恨、抱怨、愤怒等组成的复杂情感。主要表现为对别人的长处或者取得的成绩不满，看到别人冒尖了心里不服气，总希望别人比自己稍逊一筹或者相差无几。

更有甚者把别人的失败看作自己的莫大快慰。社交嫉妒是一种非常有害的心理，在人际交往中这种心理只能给自己带来痛苦。

4. 社交恐惧

社交恐惧是指在人际交往中表现出的一种带有不安、担心、恐惧心理的不良情绪反应。对于中学生来说，社交恐惧很多时候是因为过分的自我保护，如害怕公共场合发言，害怕寂寞和孤独，怕失面子，等等。

二、人际交往问题的辅导建议

中学生的人际交往问题产生的原因，笔者认为有三：第一，自我评价的问题；第二，不合理的人际交往观念；第三，缺乏交往技巧。因此，要帮助有人际交往困扰的学生，以下思路可以借鉴。

1. 提高学生的自我评价能力

个体的自我评价能力，能够反映心理的成熟程度，是自我意识发展水平的标志。学生产生人际交往的问题往往是因为对自身的评价不正确，他们往往高估自己的能力，把自己摆在不恰当的位置，处处以自己的观点为重，不顾其他，结果四处碰壁，不但没有成功而且还降低了自信心，由极端的自尊变为极端的自卑，陷入严重的心理危机难以自拔。

2. 引导学生形成正确的人际认知

让学生了解首因效应、晕轮效应、投射效应以及刻板效应等人际交往中的认知偏差，引导学生形成合理的人际交往理念。

3. 引导学生掌握交往技巧

教授学生倾听、赞美、微笑、主动、关心、体谅等交往技巧，鼓励并督促学生在日常人际交往中使用所学技巧，让学生切实体会到使用这些技巧的好处，从而养成习惯，自觉提高自己的交往水平。

培养学生社会视角转换技能。所谓社会视角转换，即通常所说的换位思考，站在别人的角度看问题。

案例

自上学以来，小芳一直与老师、同学相处和睦，关系融洽，是大家心中的"老好人"。因为不管同学有什么事情，小芳都有求必应，即使心里不愿意，还是会一口答应。如果拒绝了别人，小芳就会忍不住地想：他会不会不高兴？我是不是得罪他了？小芳考上高中后，来到县城的中学，开始住校。她跟室友的关系也都挺好，感觉室友

挺喜欢自己。上个月的一天,睡上铺的同学小丽叫小芳帮忙打水,小芳由于感冒浑身酸痛,所以没有去,从此以后小芳就感觉跟小丽疏远了。最近一个月来,小芳心情很低落,一见小丽就觉得不自在,不敢看小丽的眼睛,也不敢跟小丽说话,就怕说错话做错事。在寝室时,小芳总觉得不管自己做什么事小丽都在盯着自己,所以尽量不待在寝室,做什么事都自己一个人。小芳很想摆脱这种状况,但又不知道自己该怎么办,于是去寻求心理咨询。

咨询后小芳的自我评估:通过心理咨询,我发现了自己以前人际交往中的许多不合理的想法,现在这些想法已经不再形成困扰,我的情绪已经平复,跟上铺的室友恢复了正常交往,学会了拒绝他人,只是偶尔还有点担心。我认识到自己的优点,更喜欢自己了。

[来源:董艳. 一例中学生人际关系敏感案例分析报告[J]. 中学课程辅导(江苏教师),2012(11). 略有改动]

第三节 恋爱与性心理问题

一、性意识困扰

(一) 性意识困扰的表现

随着年龄的增长,青少年的生殖系统发育成熟,这一变化反映在心理上会引起性意识的觉醒,使青少年产生一些特殊的心理体验。面对这些性意识活动,部分青少年不能以正确的态度和行为方式来应付自己性意识活动的萌发和表现,导致性意识困扰的出现(蔡力,2008)。

青少年性意识困扰的主要表现为:对自己的各种性意识活动感到害怕和恐慌,出现自责、烦躁、焦虑、厌恶等不良情绪。部分性意识困扰者还会出现明显的失眠、注意力不集中、情绪低落、不愿与异性交往等症状,影响学习和生活,甚至导致严重的心理障碍(蔡力,2008)。

性意识困扰产生的原因包括两个方面:

(1) 生理的发育使青少年对生殖器官发育过程中产生的各种生理、心理现象感到困惑、焦虑、恐慌甚至陷入极端痛苦之中。

(2) 由于性知识匮乏和缺少科学合理的引导,青少年容易对性产生迷惑,形成错误观念,以至于走上性误区,影响了青少年的心理健康。

（二）性意识困扰的辅导建议

对于存在性意识困扰的学生，最关键有效的辅导办法就是针对其错误的性观念进行有的放矢的认知调整。

首先，需要与受到性意识困扰的青少年建立信任，消除其顾虑，给予其积极的鼓励。

其次，要认真倾听，给予真诚的关心和安慰，尽量站在对方的角度，设身处地地去理解对方，并及时传递，让对方感觉到他人对其的理解。

再者，与对方一起分析问题，引导对方领悟到心理困扰的真正原因在于其内心的矛盾与冲突，而冲突产生的关键又在于自己对性心理发展过程中出现的性意识活动的不合理认知。

最后，要帮助对方树立正确的性观念，促进其成长（蔡力，2008）。

案例

小琳是某中学一名初二年级的学生，她在给心理辅导教师的信中说："进入青春期以后，生理上的许多变化使我对性充满神秘感和好奇心。有时，我偷偷地阅读一些医学书籍，很想从中了解一些关于性方面的知识，弄懂其中的奥秘。此外，有时夜里熟睡时，会梦见自己和喜欢的异性朋友在一起亲热，做一些不应该做的事。为什么对性会有神秘感和好奇心？为什么会做那样的梦？是否心理有问题？请给予指导和帮助。"

（来源：https://wenku.baidu.com/view/359f3eb2e2bd960591c67717.html.）

二、单恋

（一）单恋的内涵解读

单恋是指一方对另一方的一厢情愿的倾慕与热爱。单恋有两种情况，一种是对方毫无表示或对方根本不认识自己，而自己却毫无理由地产生单相思；另一种是"爱情错觉"，即当事人错认为对方对自己有情而陷入"恋情"。单恋者默默关注、关心对方，心甘情愿为对方付出，但不可避免会体验到情感的压抑和痛苦。

单恋多发生在青少年群体身上，且较多地出现在性格内向、敏感、富于幻想、有强烈自卑感的人身上。单相思者往往由于对倾慕的对象一往情深，因而希望得到对方爱情的动机十分强烈。在这种心理支配下，常常会把对方的言谈举止纳入自己主观的轨道来理解，造成认知的偏差。例如，对方一个眼神、一丝微笑、一句模棱两可的话语，在第三者看来微不足道，但在当事人看来却是爱的表示，并坚信不疑，从而陷入单恋的深渊而不能自拔。

（二）单恋的辅导建议

1. 引导学生区分真爱与迷恋

引导学生懂得真爱与迷恋的区别。爱是明智的，是基于了解的基础上欣赏对方的长处，接纳对方的短处；而迷恋往往是盲目的，只考虑感情，只看到对方身上吸引自己的地方，往往以对方所拥有的某方面条件为中心，如美貌、才华、财富等（颜苏勤，2014）。

2. 适度期待

恋爱是男女双方相识、相恋的过程，倾慕、吸引、接触之后相互产生好感。当双方感情发展不能同步时，应审视自身的期望心理、把握现实中双方交往的可能性或真实的交往程度，减少不切实际的幻想，不能乞求和强求。

3. 设法转移注意力

让学生认识到自己的感情是真实的，但不一定非要求得到结果和回报。鼓励学生多参加一些感兴趣的活动，让自己忙碌起来，设法将自己从单恋的感情中解脱出来，将注意力转向其他事情。

4. 从旁观者的角度想问题

引导学生换角度重新审视自己与对方的现状，是否存在较大的差距，考虑与对方在年龄、相貌、文化水平、性格、情趣、修养以及家庭等方面是否合适。

案 例

小林，一个高一年级的女生，在过 16 岁生日时，邀请了十几个同学作客。文艺委员唱了一首小林最爱听的歌来助兴。小林望着文艺委员，听着他委婉动听的歌声，联想起文艺委员平时对她的热情和主动帮助，突然有一种从来没有过的特殊感受。从那以后，她一看到文艺委员便不知所措，她想见他，又怕见他。并且，她认为文艺委员也处处留心自己。小林在咨询电话中说："我能感受到他常常注视着我，比如上体育课我跑步时，下课我与别人讲话时等，他都在看着我。他既然对我好，为什么不向我表白呢？他是不是不好意思开口呢？"

（来源：https://wenku.baidu.com/view/1ad5523987c24028915fc351.html. 略有改动）

三、失恋

（一）失恋的内涵解读

失恋者常常陷入紧张消极的心理状态，内心感到痛苦、焦虑、彷徨、惆怅、忧伤和愤怒，甚至茶不思、饭不想、精神不振，以致影响身体健康和学习效率（潘冬香，2004）。

中学生谈恋爱可能存在以下几种不恰当的心理：一是游戏心理，觉得谈恋爱就像玩游戏一样，为了追求暂时的快乐，满足一下新鲜刺激感；二是炫耀心理，认为谈恋爱的目的是彰显自己的魅力；三是从众心理，看到别人在谈恋爱，自己不谈就觉得没面子，因而糊里糊涂地恋爱了。在这些心理因素影响下的恋爱，缺乏深思熟虑，无法维持太久（邓公明，2015）。

另外，随着年纪的增长，学生面临的学习和考试压力越来越大，不少学生希望专注于学习，不想在恋爱上浪费时间和精力，于是就选择分手的方式从恋爱中解脱出来。学生在恋爱过程中，可能还会因为诸如性格不合、矛盾太多、一方移情别恋等原因，最终选择结束这段恋爱（邓公明，2015）。

（二）失恋的辅导建议

1. 真诚地倾听和陪伴

在辅导失恋学生时，要以其为中心，想其所想，感其所感，站在其角度真诚地倾听、接纳其想法，让其感受到被人所关心和理解。

2. 引导正确地认识失恋

引导学生正确认识失恋，使其冷静下来，认真检点一下自己的言行，反思导致分手的原因，从中看到自己的不足之处，继而采取有针对性的措施来努力完善自己，而不是将失恋视为奇耻大辱，或者是采取极端的方式报复对方（邓公明，2015）。

3. 鼓励合理地宣泄不良情绪

应该鼓励学生通过积极合理的方式宣泄内心苦闷的情绪。例如，找亲密的好友或亲人倾诉内心的悲伤，痛哭一场，找个空旷的地方大声呐喊，也可以通过写日记的方法把内心的痛苦情绪写下来。

4. 转移注意力

要及时引导学生转移注意力。例如，暂时远离以往的交往环境，免得触景生情；将注意力集中于自己所感兴趣的活动中，如参加体育运动、阅读、旅游等（魏永娟，2011）。

案例

小黄在刚开学的时候就对别班的某个女生比较感兴趣，并对其展开了追求。或许该女生觉得有人追自己，很快就答应了与小黄交往。但是，该女生慢慢就发现小黄为人自私、自大，不懂感恩等缺点，于是果断地与小黄结束这段仓促的感情。在对方提出结束这份感情的时候，小黄一下子难以接受，心情郁闷，曾一度逃课，寻找阴暗无人的地方发呆，甚至独自流泪。

（来源：http://www.doc88.com/p-5354924309255.html. 略有改动）

第四节 网络成瘾

一、网络成瘾的界定

网络成瘾或网络成瘾障碍（Internet addiction disorder，IAD），意指由于长时间不适当的网络使用而导致对网络的耐受、戒断反应、持续的上网欲望及行为失控现象，对个体的生理、心理及社会功能造成损害（方晓义等，2015）。

随着研究的开展以及临床治疗的需要，网络成瘾的亚类——网络游戏成瘾（Internet gaming disorder，IGD）已被美国精神医学学会纳入《精神障碍诊断与统计手册（第五版）》（DSM-5）的第三部分。

对于网络成瘾，研究者一般认为，具有这一症状的人主要表现出一种不自主的强迫性网络使用行为和在网络使用过程中不能有效地控制时间，并且随着网上活动带来的满足感的强化，使用者出现欲罢不能、难以自拔的现象。这种症状发展的初期主要表现为精神上的依赖，渴望上网遨游冲浪，如果这种需要得不到满足就会感到极度的不适。其后可发展成为躯体上的依赖，表现为情绪低落、头昏眼花、双手颤抖、疲乏无力、食欲不振等症状（欧居湖，2003）。

台湾学者陈淑惠于2000年编制的"中文网络成瘾量表修订版"（CIAS-R），其症状维度为：

1. 网络成瘾耐受性

随着网络使用的经验增加，原先获得的上网乐趣必须透过更多的网络内容或使用时间才能得到满足。

2. 强迫性上网行为

这是指一种难以自拔的上网渴望与冲动。在想到或看到计算机时，会产生想要上网的欲求或冲动，上网之后难以脱离计算机，渴望有更多时间留在网络上。

3. 网络退瘾反应

如果被迫突然离开计算机，容易出现受挫的情绪反应，如情绪低落、生气、空虚感等，或是注意力不集中，坐立不安。

4. 网络成瘾相关问题

指因为沉溺于网络的时间太长，因而：

（1）忽略原有的居家与社交活动，包括与家人朋友疏远。

（2）耽误工作、学业。

（3）为掩饰自己的上网行为而撒谎。

（4）身体不适反应，例如，眼干、眼酸、头痛、肩膀酸痛、腕肌受伤、睡眠不足、胃肠问题等。

二、网络成瘾者的心理行为特点

目前几乎所有的研究都发现，网络成瘾者往往具有某些特殊的人格特征，而且大多数患者在对互联网上瘾之前，常常已经患有其他心理障碍，特别是抑郁症和焦虑症。

杨（Young，1998）认为，自尊较低者、经常被拒绝与否定者或是对生活感到不满足者，较容易产生网络成瘾。

高文斌和陈祉妍（2006）发现，个体健康发育过程中会逐步建立心理内部的多维评价体系，才能应对可能出现的各种挫折与冲突。网络成瘾青少年往往不具备良好的内部多维评价体系，而是倾向单一评价标准，如单纯以学习成绩、具体某个老师的评价或家长对自己的态度等某个单一标准来评价衡量自己的能力、价值，从而得出以偏概全的结论，乃至进一步采取极端的应对方式来解决问题，如沉迷于网络等。

网络成瘾问题与家庭中的亲子关系问题有密切联系。研究发现，网络成瘾青少年在成长过程中常常出现"父亲功能"缺失或不足的现象。所谓"父亲功能"，并非简单指父亲这个具体的人，而是指在教养过程中通常需要的父亲角色与作用，如规范性、力量性等。网络成瘾青少年体验到的社会支持较少，可能反映了家庭关系不良，同时也提示其他社会角色（如学校、政府等）对这部分青少年的支持力度还很不够，甚至还存在不少排斥力量。当支持力量与排斥力量发展到很不平衡的时候，青少年就会出现严重的网络使用问题。

网络成瘾青少年的情绪表达与情绪调控能力不足。心理测评结果提示，网络成瘾青少年的总体情绪智力并不低，他们对于他人情绪的觉察能力相对更高。对他人情绪过度敏感的同时，网络成瘾青少年的情绪表达能力并不够好，也便无法得到他人很好的理解，这就造成了他们在现实人际关系中总会遇到困难，常常处于不良情绪感受中。加之情绪调控能力不足，更加促使他们求助于网络空间来进行缓解和补偿。

网络成瘾青少年的生活目的感偏低，没有明确的方向感。这可能反映出他们对自己缺乏了解，同时也不能够接纳自己。这同样可能是缺乏支持性的成长环境所造成的。

综上，我们可以发现，网络成瘾者通常有自尊心较弱、自我不接纳、家庭功能不佳、社会支持度低、缺乏目标感等特点，他们往往把网络作为逃避现实压力、寻求支持的避难所，认为只有在这个虚拟的世界中，才得以呈现出崭新的自我，重新获得归属感、成就感和把控感。

三、网络成瘾的病理心理机制

高文斌和陈祉妍（2006）在大量实证数据、临床案例和严密推理的基础上，提出了网络成瘾的病理心理机制——"失补偿"假说。该假说是基于个体心理发展过程而提出的理论解释，个体发展的基本过程在该假说中简要描述为：

（1）个体发展的顺利状态为常态发展。
（2）在外因与内因的作用下发展受到影响则为发展受阻状态。
①在发展受阻阶段，通过建设性补偿可以激活心理自修复过程，恢复常态发展；
②如采取病理性补偿则不能自修复，最终发展为失补偿，导致发展偏差或中断。
（3）如不能改善则最终导致发展中断。

网络成瘾问题的出现有其内在的心理机制，从常态发展逐步演化为发展受阻甚至发生偏差和终止是一个过程，这就是病理心理过程。"失补偿"假说对于网络成瘾的基本解释为：上网行为是青少年心理发展过程中受阻时的补偿表现。如形成"建设性补偿"则完成补偿、恢复常态发展，即正常上网行为；如形成"病理性补偿"则引起失补偿、导致发展偏差或中断，即网络成瘾行为。

当网络成瘾者在生活中遇到困难时，会倾向以逃避的方式来面对。他们将网络视为逃避生活任务与获得短暂满足的工具，当沉迷于网络世界时，似乎就可驱走生活中的不愉快，而让自己有愉快的感觉。但这样的做法，却让问题更为严重。他们因沉迷于网络而缺乏与他人联结，变得更孤立，对生活更不满，也就更需要上网来寻求慰藉，如此形成恶性循环。

四、网络成瘾者的辅导建议

1. 发展社会兴趣

朋辈心理辅导员应尽力帮助网络成瘾者发展出社会兴趣，以使其更能与重要他人联结，获得归属感与认同感。

2. 澄清目标

对于网络成瘾者而言，沉迷于网络乃是他们试图解决问题的方式，其成因源自于生活任务的问题，后因沉迷于网络而加剧，因此不应只将他们标签为"网络成瘾者"，而要帮助他们了解自己上网真正想解决的问题是什么，并且挖掘资源制订可落实的行动计划。

3. 尊重与信任

应该允许网络成瘾者设定自己的目标，以减少他们的网络使用行为，让他们负起生活上的责任。

【案例】

小明，男，16岁，高一，与父母居住，有一个年龄较小的妹妹。初一、初二时学习劲头足，成绩良好，初三开始迷恋上网打游戏，学习状态和成绩明显下滑。小明文化程度不高的父亲气急而怒，屡次大骂也没能把小明从"网瘾"中拉出来。严管之下，小明的逆反心理更加明显，与父亲的关系恶化，父子俩基本不说话。小明升入高中后，开学一个月里多次迟到，严重时一个上午缺席，直到中午才到校，理由是睡过头了；上课精神不集中，经常发呆、打瞌睡，坐着也能睡着；作业多次欠交或随便抄袭应付。家人反映其经常周末通宵达旦地玩游戏，周一上午就旷课在家睡觉。小明上网成瘾的现象已经严重影响了他的身体健康和学习状态，并且由于经常迟到和欠交作业，在班级内形成了不良的影响。

（来源：https://wenku.baidu.com/view/7e24162eb80d6c85ec3a87c24028915f804d8404.html. 略有改动）

第四章

校园心理危机的干预

第一节 心理危机与危机干预

人在一生中总会经历各种各样的事情，小到丢失物品、考试挂科，大到失恋、失去亲人朋友，也许还会遭遇像地震、雪灾这种来自大自然的灾害，这些大大小小的事件都会给我们的身心带来不同程度的影响。个体自身素质的差异使同一事件对每个人的影响有所不同，有的人反应强烈，有的人反应却很轻微。我们身边也会有对事件反应过度强烈的同学，如果能够得到及时的干预，则事件本身不仅不会给他带来严重的困扰，而且还会是其成长的重要契机；反之，则会严重影响其正常学习和生活，形成永久性的心理创伤，有人甚至还会产生自杀或攻击他人的行为。因此，协助学校相关部门及时发现存在心理危机的同学并采取有效的干预措施，也是朋辈心理辅导员的一项重要工作。

一、心理危机概述

（一）心理危机的定义

心理危机是指人在面临自然、社会或个人的突发的、重大的事件时，由于无法通过自己的力量控制和调节自己的感知与体验而出现的情绪与行为的严重失衡状态。

处在严重心理失衡状态的人或人群除了有典型生理方面的应激反应障碍外，通常在情绪上表现为暴躁冲突或抑郁强迫、狂躁多语或孤独少言、痛苦不安或激情难抑、绝望麻木或焦虑烦躁等严重的情绪与行为的失衡状态。

校园心理危机是指在学校校园生活范围内，由于各种突发的、重大的危机事件所引起的校园成员（学生、教师、职员等）心理严重失衡状态。这种严重心理失衡状态在未成年人中常表现为轻生自杀、肢体自残、暴力攻击、离家出走、网络成瘾，以及吸毒、酗酒、性行为错乱等冲突性行为。如果这些冲突性行为只是在学校管理、社会治安以及社会法律的层面上得到阻止和解决,而没能在心理层面上予以疏导和干预,可能转换成潜在的压力和焦虑,进而形成严重的心理障碍和心理疾病,直接影响青少年人格的健康发展。

(二) 心理危机的类别

中学生的心理危机涉及中学生活的方方面面,表现形式也多种多样,但通常可以把它们归为发展性危机和情境性危机。

1. 发展性危机

发展性危机指个体在成长和发展过程中面对急剧的生理或心理变化、角色变迁等转变所形成的异常反应,如升学、就业、结婚等都有可能导致发展性危机。一般而言,在人生发展阶段所遇到的危机,无须专业的干预就能顺利渡过。而一些缺乏适应能力的人群,或是在当事人成长的关键时期,如果危机事件已远远超出当事人的应对能力,则需要进行干预。

2. 情境性危机

情境性危机是指在生活中出现的由于个人对其无法预测和控制的罕见或超常的事件而产生的危机。引用美国心理学家卡颇兰(Caplan)的定义:

(1) 人类某方面的基本需求得不到满足。例如,心爱的人死亡或离去,或是身体完整性的丧失,比如残疾。

(2) 可能会遭遇上述丧失状况的威胁性或危险性。

(3) 超越个人能力范围的挑战。例如,突然要出国留学。

情境性危机带有随机性、突然性、强烈性、意外性、震撼性和灾难性等特点,如意外交通事故、被绑架、被强奸、突发的重大疾病、亲朋好友的死亡、父母离异、重大自然灾害等。

在校园中,以下事件可能引发心理危机:与学校成员相关的自然灾害事件;与学校成员相关的社会恶性犯罪事件;与学校成员相关的社会重大灾难事件;校园内发生的暴力、冲突、伤害事件;校园内发生的自虐、自残、自杀事件。

(三) 心理危机的特征

人在一生中总会经历许多事件,但这些事件不一定都会给当事人造成心理危机,只有当人们面对困境出现心理失衡时,才是心理危机。但它与我们通常所说的心理问题还不完全一样。心理问题是指个体或群体心理上出现的不良情绪和消极心理,如焦虑、恐惧、人格障碍、变态心理等,体现的是个体心理不健康的程度;而心理危机强

调的是个体心理所处的高度紧张、失衡的状态，体现的是个体无法应对危机情境下的心理失衡的程度。尽管二者有区别，但它们之间又有联系，即心理问题可以是心理危机产生的诱因之一，也可以是心理危机出现后的产物。

心理危机亦不等同于灾难，灾难是指"天灾、人祸造成的严重损害和痛苦"，它所强调的是事件带来的后果；而危机既能给人带来威胁和痛苦，也能成为当事人成长的机遇。若危机事件十分严重，或者当事人因采用不恰当的方法应对而未能使问题得到解决，则会引起当事人焦虑、悲伤、愤懑等不良情绪，导致其心理社会功能的下降，甚至出现自杀行为或他杀，致使当事人或其他人的人身安全受到威胁；若当事人能成功地控制危机情境，或者能够得到及时有效的干预和帮助，则其不但能重新恢复心理平衡，学会新的应对技能，而且还能使其心理得到发展，此时的心理危机便成为其人生发展的机遇。

那么，心理危机具有哪些特征呢？

（1）心理危机是一种失衡的心理状态，即在一定时间内，当人们面临困境时，使用常规的方法不能解决所遇到的问题时产生的一种心理状态。

（2）心理危机不是疾病和病理过程，而是人生的一种经历。

（3）心理危机引发的个体心理、行为的改变不符合任何精神障碍的诊断标准，不属于精神疾病。心理危机的发生虽然使个体出现了情绪、认知和行为等方面的变化，如情绪不稳定、认知能力下降和行为方式改变，但这些不能作为精神疾病的诊断依据。

（4）引发心理危机的应激事件是突如其来的或是在人生中必然面对的威胁性生活事件。它既可以是来自外界的，如自然灾害；也可能源自自身，如患重病；也可能是突发性的灾难，如车祸；还可能是一系列生活事件的累积，如不良的人际关系等。

（5）心理危机的发生及其严重程度与当事人对事件的认识及应对能力、既往经历和个性等方面的因素有关，与事件的大小、严重程度没有绝对的关系。换句话说，同样的事件，其能否促使心理危机的产生以及对人的影响大小，是因人而异的。

（6）心理危机具有自限性。急性期通常在1～6周，时间的长短取决于当事人自身的经历及个性特征等因素。

（7）心理危机的成功解决是一个人成长的重要契机。虽然心理危机给当事人的生活带来影响，但是，如果个体能从克服危机中学到更好地处理危机的应对策略和手段，能对过去的冲突重新认识，则心理危机便会成为个体成长的重要机遇。

个体一旦产生了心理危机，由于处理方式不同，其结果也会不同：①当事人不仅顺利渡过危机，而且从中学会了处理危机的方法与策略，使心理健康水平得到了提高；②虽然当事人渡过了危机，但留下了心理创伤，对今后的社会适应产生不良影响；③当事人经不住事件带来的强烈刺激，出现自伤、自毁或伤害他人的行为；④当事人未能渡过危机而出现严重的心理障碍。

在人生的不同阶段，我们随时都有可能经历各种各样的危机事件，因此学会正确面对和克服危机应是每个人的必修课和生存的基本技能之一。

二、危机干预概述

（一）危机干预的定义

关于危机干预概念的描述，综合各家的看法，目前比较认同的解释是：危机干预是指干预者对处于心理危机状态的个人或人群运用个人、社会和环境资源提供关怀和支持的一种短期帮助方式，这种方式能使危机者的症状得到缓解和消失，心理恢复平衡。

虽然危机干预是在简单的心理咨询和治疗基础上发展起来的一项特殊的心理技术，但它不同于一般的心理咨询和治疗。危机干预是一种特殊的心理服务，一种在紧急情况下的短程心理咨询。它只是在短时间内为当事人提供关怀与支持，帮助当事人渡过难关；它以解决问题为目的，不求根治。因此，危机干预不涉及对当事人的人格矫治。与通常的心理咨询和治疗相比，危机干预具有帮助的及时性、迅速性等突出特点。

需要注意的是，以上所讲的危机干预的概念是从狭义的角度理解的，广义的危机干预不仅包括危机发生后的干预，即治疗性和补救性，还应包括危机发生前的预防和预警。对朋辈心理辅导员而言，我们的注意力应更多地放在预防和预警上，在日常生活中为身处危机中的同学提供帮助与支持。

（二）危机干预的目的

危机干预的目的主要有两个。

一是帮助危机当事人减轻心理压力，阻断危机进一步发展的可能或预防新危机的出现，如自伤或伤害他人。

二是恢复危机当事人的应有功能。危机干预强调的是现有危机的立刻解决，应着眼于个体心理压力的减轻或消除、危机前应有功能的恢复，而不是当事人的人格重建或潜意识原因分析。

对中学而言，危机干预不仅是保证学生身心健康的一个重要举措，而且是关系到学生能否健康成长、学校能否稳定发展、家庭和社会能否和谐安定的一项重要工作。所以，中学心理危机干预的目的除了上述两点之外，还包括构建中学生心理危机预警及干预工作体系，及时发现和有效控制学生可能出现的心理危机，以降低心理危机的发生率；通过宣传教育，提升学生的心理健康水平。

（三）危机干预的原则

危机干预是一项专业性要求很高的工作，在实施危机干预时，要遵循以下原则。

1. 生命第一原则

此原则即把保证当事人的生命安全放在首要位置，这是"以人为本"的理念在危机干预中的具体体现。

2. 及时性原则

此原则指危机干预工作应在危机事件发生后的数小时、数天之内进行。及时性原则还包括要及时预警，即结合学生和教师在校园里生活学习的实际，努力把是否能及时准确地发现问题、发现隐患作为首要考虑的问题。我们越早从学生的心理状态入手开展科学的引导和干预，就越能够保证学生在心理上健康发展。

3. 预防为主原则

学校应重视校园心理危机的预防，通过各种途径开展以预防性、发展性为主的心理健康教育，努力做到防患未然。

4. 发展性原则

此原则指危机干预不仅要保证当事人平稳地渡过危机，而且还要全面提高当事人对未来的信心和能力。通过危机干预，能够使当事人从绝望中看到希望，从危机中看到生机，激活和提高当事人的生命力量，使当事人变得坚强和自信，促进当事人的健康成长与发展。

5. 分工协作原则

此原则指实施心理危机干预，仅靠几个人、一个部门是远远不够的，相关部门要协调配合，履行职责，积极主动地开展工作，以减少危机给当事人带来的伤害，增强干预的效果。

朋辈心理辅导员是中学危机干预队伍中的重要力量，在工作中我们要始终把握这几个原则。同时，要认真学习、了解并掌握这方面的知识，如学校危机干预的组织机构、联系方式等，以便在危机事件发生后，能在最短的时间内将所了解的信息向相关部门报告，尽快地协助相关部门开展工作。

三、心理危机的朋辈心理干预

心理危机既是突发的，也是长时间累积的结果。因此，心理危机的处理不能只针

对高危学生，而应该着眼于全体学生，通过分层级的预警与干预，减小学生出现心理危机的可能性，以及减少出现心理危机的学生人数，从而从根本上预防或减少学生心理危机的发生。

（一）心理危机的一级预警与干预

所谓一级预警，即面向全体学生在特定的时间点预警。

当在特定时间点发生以下情况时，较容易引发学生的心理危机，需要发布一级预警为学生提供心理支持。

（1）近期家庭（或学校）生活中出现重大变故（亲人死亡、父母离异、父母下岗、家庭暴力等）。

（2）与同学、教师、父母等发生严重人际（甚至肢体）冲突。

（3）从外地（校）转学，因病住院或休学后复学、各学期开学或结束。

（4）重大考试或事件（比赛、竞赛、评比等）出现严重失败。

（5）遭遇突发性创伤或刺激（如性伤害、意外怀孕、自然灾害、校园暴力、车祸等）。

（6）身边同学出现心理危机（如自杀）。

朋辈心理辅导员要注意在特定时间点进行相应的宣传，并留意处于特定时间点的同学的心理危机，为他们提供及时的心理支持，向他们表达关心与支持；在发生突发性的群体事件时，协助班主任和心理教师开展相应的活动；及时向学生发展指导中心反馈班级同学的情况以及自己开展工作的情况，遇到困难及时向朋辈心理辅导员团队以及心理教师求助。

（二）心理危机的二级预警与干预

所谓二级预警，即对特定对象预警。

特定的个体如个性倾向极度偏执、抑郁、敏感的个体，在特定的时间点更容易出现心理危机，如果得不到有效的识别与关注，将会使得危机升级，此时需要发布二级预警，为特定的对象提供心理支持与干预。

二级预警的对象一般为：

（1）个性内向者。

（2）个性暴躁易怒者。

（3）心理测试显示抑郁倾向较高者、有狂躁倾向及反社会型边缘人格特点者。

（4）患有心理障碍且出现心理或行为异常者（如患有抑郁症、恐惧症、强迫症、焦虑症等心理障碍的学生）。

朋辈心理辅导员需定时向学生发展指导中心反馈上述同学的情况，主动关心他们，营造良好的班级氛围，在心理教师的督导下给他们提供力所能及的心理支持和帮助。

（三） 心理危机的三级预警与干预

所谓三级预警，即在出现特定信号时预警。

当一级和二级干预未能有效地消除学生潜在的心理危机时，学生的心理危机开始涌现，并出现一系列的心理行为反应，如情绪的高度紧张、焦虑、丧失感与空虚感，出现过去没有的非典型性行为及躯体反应等。这些心理行为反应如果能够被有效地识别，将可以在最后环节帮助学生尽快地解除迫在眉睫的心理危机，使其症状得到缓解和消除，阻止极端心理事件的发生。

三级预警的特定信号包括：

（1）强烈的情绪反应：当事人表现出高度的焦虑、紧张、丧失感、空虚感且可伴随恐惧、愤怒、罪恶、烦恼、羞愧等。

（2）认知的改变：身心沉浸于悲痛之中，导致记忆和知觉的改变，认为他或她所面临的困境（事实上或想象中的）是无法逃避的、无法忍受的、无法改变的。

（3）行为的异常：不能专心学习工作或劳动，行为和思维情感不一致，出现过去没有的非典型行为，如内向的突然变得外向，外向的突然变得内向或更加封闭沉默；作文或作业中常谈及与死相关的话题或表达生活无意义感；有暗自流泪或与他人留恋告别的言行等；不明原因突然给同学、朋友或家人送礼物、请客、赔礼道歉等。

（4）有明显的躯体反应，出现失眠、头晕、食欲不振、胃部不适等现象。

朋辈心理辅导员如果发现身边的同学有上述现象，应第一时间上报学生发展指导中心和班主任，并在心理教师的督导下开展力所能及的工作。

第二节　中学生自杀危机干预

一、 自杀概述

（一） 自杀的定义

越来越多的研究表明，自杀不仅是一个严重的社会问题，而且是一个涉及医学、心理学等其他相关学科的重要问题。不同的专家学者从各自不同的角度对它进行了探讨，综合这些观点，我们可以这样定义：自杀是个体蓄意或自愿采取各种手段以结束

自己生命的行为。

自杀行为的发生，无论当事人自杀身亡还是自杀未遂，都会给家人及亲友带来极大的痛苦。一人自杀身亡，其身边的家人、朋友、同学和相关服务人员至少有6人的情绪和生活会受到长期的影响，他们普遍会有一种罪恶感和自责感——认为自己平时做得不够好，才使得当事人产生自杀的行为。特别是那些曾经接到当事人发出的求救信号而未予以重视或是未采取积极有效的措施来预防自杀行为发生的人，他们会更容易自责和内疚，会长时间地生活在此阴影之中。所以，预防自杀行为的发生，不仅仅是挽救当事人的生命，而且还关系到身边人的生活质量，关系到家庭、校园和社会稳定。

（二）自杀行为的类别

自杀行为主要分为以下4类。

（1）自杀念头。流露任何与自杀行为有关的念头或幻想。

（2）自杀威胁。以言语或任何其他方式向他人表达自我伤害的意欲，但没有做出真正伤害自己的行为。

（3）自杀企图。自杀不遂，但有直接或间接证据显示当事人或多或少相信其自杀行为会致命。企图自杀的情况包括当事人因被及时发现和获救而动摇了寻死的决心，或当事人所选择的自杀方法不足以致命。

（4）自杀身亡。有意识地以致命的方法结束自己的生命。

（三）自我伤害与自杀

自我伤害行为不以自杀为目的，而大多是以情绪调节为目的的。自伤的方式多为割伤、划伤、拳打等，且次数较多。曾经有自伤的学生，其后自杀的风险也更高。

（四）有关自杀的谬误与事实

谬误1：谈自杀是危险的；一旦谈到自杀，即使不想自杀的人，也会想自杀。

事实1：如果学生本身没有自杀风险，与他谈论自杀并不会引起学生想到自杀；如果学生本身有自杀风险，与他谈论自杀也不会增加自杀风险。对于想自杀的人，只有和他谈，才能知道如何帮助他。

谬误2：那些谈及自杀的人并无意付诸行动，只是想引人注意。

事实2：谈及自杀可能是求助的信号，又或是步向企图自杀的最后警号。每当学生谈及自杀的念头、企图或计划时，我们应设法防范，切勿掉以轻心。

谬误3：曾企图自杀的人甚少再次自杀。

事实3：过往曾企图自杀是自杀身亡的主要危险因素。在自杀身亡的人当中，有50%曾尝试自杀一次或以上。凡企图自杀的人，均应看作有意寻死。切勿把企图自杀

单纯视为引人注意的举动而置之不理。因此,为有自杀前科的人提供持续支援,是非常重要的。

谬误4:大多数自杀是突发的,并无先兆。

事实4:在未成年人自杀的个案中,约有74%的未成年人在自杀前曾暗示或明示有自杀的念头。因此,了解有关自杀的警告讯号,对我们而言十分重要,有利于我们有更高的敏感度去识别有危机的学生。

谬误5:危机过后,当事人的精神状态突然显著改善,即表示其已脱离自杀危险。

事实5:在自杀不遂后的3个月内,当事人仍处于最大的自杀身亡危机当中。当事人的突然改善可能只是表面上的如释重负,皆因其自杀心意已决而感到释怀。持续加强支援,并在危机过后密切监察当事人,至关重要。

谬误6:自杀一定与遗传有关。

事实6:自杀涉及个人"危险因素"与"保护因素"的复杂交互作用。遗传可能增加个人患精神病的风险,而精神病为自杀的风险因素。家族中有人曾经自杀,亦是自杀行为的一大危险因素。家庭的情绪氛围会影响每位成员,家中如有人曾经自杀身亡,其他成员亦可能视自杀为解决问题的一个可行方法。

谬误7:儿童不会自杀,因为他们不明白死亡的后果,也没有认知能力进行自杀。

事实7:儿童自杀虽属罕见,但现实确有其事。因此,任何年龄人士所做出的任何自杀举动,我们都切勿掉以轻心。儿童面对难题时,可能对现实情况及适当的解决方法有误解。他们可能视自杀为可令他人悔疚,对别人表达爱意或逃避压力的做法。

二、 自杀的危险因素和保护因素

(一) 自杀的危险因素

2014年,世界卫生组织(WHO)发表了首份预防自杀报告《预防自杀——一项全球性要务》。该报告指出,一些危险因素叠加在一起可以明显增加个体自杀行为的易感性。

一般来说,与卫生体系和社会相关的自杀危险因素包括以下几个方面:卫生保健服务的可及性差和难以获得所需要的医疗服务,自杀工具的方便易得,大肆渲染自杀和增加"模仿"自杀风险的不恰当的媒体报道,以及对因自杀行为或心理卫生和物质滥用问题而寻求帮助的人的歧视。

与社区和人际关系相关的自杀危险因素包括战争和灾难、文化适应方面的压力(如土著居民或流离失所的人被歧视、被隔离感)、虐待、暴力和人际关系冲突。

个人层面的自杀危险因素包括自杀未遂既往史、精神障碍、酒精的有害使用、经济损失、慢性疼痛和自杀家族史等。

有自杀倾向的儿童及青少年常经历的家庭负面生活事件

- 父母精神健康状态欠佳或患有精神疾病；
- 酒精和物质成瘾，与外界隔绝；
- 家庭自杀史；
- 有暴力倾向家庭（儿童及青少年被暴力侵犯或性虐待）；
- 父母或监护人照料不周；
- 父母时有争吵，家庭气氛紧张；
- 父母离婚，分居或去世；
- 家庭时常搬迁，导致环境陌生；
- 来自父母的过高或过低的期望；
- 父母或监护人过于专制或懦弱无能，缺乏威信；
- 父母忽略子女的情绪变化，未能及时解决子女的心理问题；
- 家庭关系紧张；
- 领养家庭。

（二）自杀的保护因素

自杀的保护因素包括良好的人际关系、个人的信念系统、积极的应对策略以及能获得精神健康方面的关怀和服务。

良好的人际关系包括来自家庭、朋友和其他重要他人的支持；积极地参与社区活动，有满意的社交生活；和家人一起参与活动，家庭成员之间有共同的兴趣，能感受到彼此的关爱。

个人的信念系统主要指健康的宗教、精神或文化信仰。当个体处于有凝聚力而且互相扶持的团体中时，成员之间彼此有共同的价值观，这有利于建立个体健康的信念系统。

积极的应对策略指的是个体有健康的生活方式以及应对困难的良好策略。健康的生活方式包括生活作息规律，饮食健康，拥有健康的休闲生活，经常运动等。应对困难的良好策略包括在困境中愿意求助，能有效地管理压力，掌握良好的社交技能，掌握解决冲突的技巧等。

目前，能提供精神健康方面的关怀和服务的机构包括学校的心理咨询中心、社会上的心理咨询机构、医院的精神心理门诊以及心理援助热线等。

尽管这些保护措施不能完全排除自杀风险，但它们却能减轻生活当中的巨大压力，被认为是防止自杀的隔离体。

三、侦察自杀警告讯号

自杀是可以预防的，超过80%的自杀身亡个案是有先兆的。大多数18岁以下的自杀者均曾在企图自杀前以口头表示或以自杀意图作威胁等不同方式表达自杀的想法，或曾有尝试轻生的记录。因此，要认真对待所有自杀的讯息，这其实是求救的讯号。

（一）寻找警告讯号的途径

可从以下途径寻找自杀的警告讯号：
（1）日常观察。
（2）学生周记或作文中的信息。
（3）与学生的定期闲谈。
（4）从其他学生或社交网络获得的讯息。
（5）学生资料或记录，并检视有可能出现的危险及保护因素（如家庭结构、家长的医疗或精神健康记录等）。
（6）学生的医疗或精神健康记录。
（7）学生筛查问卷。

（二）自杀讯号的类别

1. 与死亡和自杀有关的用语

（1）在言谈、文章或美术作品中表达死亡或自杀的意念。
（2）直接或间接表达寻死、逃避或永别的念头，例如"我希望我已经死了""我想一了百了""我好厌倦这一切""你们就快不用担心我了"。

2. 寻找自杀方法

（1）从不同渠道（例如朋辈、互联网等）探索各种自杀方法（例如服食安眠药、上吊、烧炭等）。
（2）安顿好各样事情。
（3）订下计划或做临终安排，例如转送心爱物品。
（4）像要诀别般向家人或朋友说再见。

3. 呈现的生理症状

（1）劳累及疲倦。
（2）越来越多身体不适症状，例如头痛、胃痛、身体痛楚。

(3) 睡眠或饮食习惯改变，发噩梦，饮食失调。

(4) 反常地不注重个人卫生或外表仪容。

4. 情绪变化/显著的情绪不稳

(1) 怨恨自己，脾气暴躁，情绪化，好挑衅或攻击别人。

(2) 终日闷闷不乐，容易落泪。

(3) 过度恐惧或忧虑。

(4) 有强烈的罪疚感、羞耻感，及感到无价值。

(5) 情绪匮乏或麻木。

(6) 对以往喜爱的事物失去动力或兴趣。

5. 行为改变

(1) 学习表现退步，具体表现为成绩及学业表现突然下滑、无心向学、无法完成课业或交出比平时差的课业、缺席或逃学次数增加。

(2) 离群孤立，具体表现为对周遭事物失去兴趣，退出体育活动及社团，疏远朋友及家人，越来越孤立及渴求独处。

(3) 越来越冲动和好挑衅他人，具体表现为经常在校内闹事，与朋友及家人冲突增加。

(4) 参与高危及自毁的行为，具体表现为开始参与高危活动，滥药或酗酒程度加剧；屡次做出伤害自己的行为。

(5) 认知功能减弱，具体表现为日常生活混乱；难以集中精神或保持思路清晰；感到迷惘，易生意外。

(6) 产生无望及无助的想法。萌生事情永不会变好或改变的想法，例如"没有出路了"，看不到生命的意义或活下去的理由。

(7) 产生自我批评的想法。看不到自我价值，例如"我本来就不应该生于世上""我死了有谁在乎？"认为自己是他人的负担，例如"没有我，你会生活得更好"。

有时候我们很难分辨哪些行为是正常的情绪波动，哪些需要额外关注，而且学生出现的警告讯号存在个体差异。了解他们的日常行为习惯是帮助我们判定他们是否出了什么问题的较好方法。

如果身边的同学出现了以上自杀讯号，尤其是第1、2条，请第一时间告知学校心理教师。

四、自杀的预防和干预

青少年在有需要时较倾向于向朋友、家人及他们信任的成年人（如学校教职员）寻求协助，而非医疗人员或精神健康专业人士。

大部分青少年表示，当他们有机会倾诉自己的问题时，会感觉松了一口气，并感激有人关心他们的感受和情况。

虽然有些自杀个案涉及一时冲动，但自杀念头通常需要时间酝酿，才会形成实际的计划和企图。学生最初或会发现无法处理自身的问题，如未能得到协助，他们最终或会感到绝望并视自杀为唯一的解决办法。因此，尽早向他们表达关心，对防止自杀至为关键。

（一）自杀的预防

作为学校危机干预体系中的一支重要力量，朋辈心理辅导员要在危机预防中发挥积极的作用。为了避免心理危机事件的发生并做到有效预防，朋辈心理辅导员除了能够准确识别有重大压力的同学或是有自杀危机的同学外，还应协助教师在同学中开展心理健康教育，提高同学的心理健康水平，增强抗挫折能力，做到防患于未然。

在日常生活中，朋辈心理辅导员要做到以下几点：

（1）观察并及时反映身边同学的心理动态，尤其是将同学的心理危机状况按月定期上报给学校学生发展指导中心。

（2）协助学校做好班级同学的心理建档工作。

（3）定期收集在同学中存在的一般性心理困惑并及时反馈到学生发展指导中心寻求解答。

（4）组织全班同学开展心理健康教育活动，比如，通过心理主题班会、心理知识竞赛、校园心理情景剧、心理电影赏析、专家讲座等多种形式普及心理健康知识；尽可能地创造条件让大家多一些交流的机会，以密切同学之间的关系，让每个同学都建立安全感和归属感，拥有一个稳定的社会支持系统。

（5）多在同学中普及心理咨询的常识，鼓励同学在遇到困扰时勇于寻求专业的帮助，并提供寻求专业帮助的途径和方法。

（二）自杀的干预

1. 对有自杀倾向的危机者的干预

当发现身边的同学有自杀倾向或自杀的可能性时，应在第一时间向班主任报告，同时要与学校学生发展指导中心的心理教师联系。在此，朋辈心理辅导员不要有顾虑，认为自己是告密者；相反，要相信自己是挽救同学生命的心灵天使。即便是判断失误，教师也不会责怪，因为在这个问题上宁可判断失误，也不能有任何的疏忽大意。

若情况紧急，联系不上教师，在现场就要立即对处于危机中的同学进行干预。在这个过程中，不要惊慌，应注意做好以下几点。

（1）认清自己的角色和局限性。表达你的关心，并让对方知道自己不是孤单的；

协助对方克服或解决小困难,而不是替他们解决所有问题;帮助对方联系专业支援以解决复杂问题,而不是尝试独自诊断或医治他们的精神健康问题。

(2) 保持冷静,耐心倾听,让对方说出自己内心的感受,要无条件地接纳他并适当地予以回应。例如可以说"你怎么了""我在这儿陪你""我知道你很难过,我怎样做可以帮到你""遇到这样的问题,谁都会痛苦难过的""我很关心你"等,以表示对他的关心。尝试从对方的角度理解问题,有助于你向他表达同理心。例如可以说"我看见你十分愤怒,你觉得别人都对你不公平""看你那样难过,一定是遇到了特别不开心的事,如果你能讲出来,我们就有可能找到解决问题的办法""看你很难过,就哭出来吧",让对方尽情纾解,把委屈、痛苦、不满和压抑表达出来。当他的负性情绪表达出来后,他的理智才能恢复。往往选择自杀的同学都认为自己是被全世界抛弃的人,所以你的关心会让他感到温暖。当然,如果危机者站在高处等危险的地方时,我们要注意保持距离,首先要保证自身的安全,其次才是如何开展工作。

(3) 不加批判,尽量避免抒发己见、妄下定论或与对方争论其观点对错。不要试图说服同学改变自己的想法,他有这样的想法一定有他的原因。不要否定对方的想法,不要试图去说服对方,不要否定对方的感受,如"你太情绪化了""你太不懂事了""你太软弱了,你要坚强一点""情况没你想象的那么严重"等,这只会增强他的逆反心理。

(4) 相信危机者所说的话,任何自杀迹象均应认真对待。要询问危机者是否有自杀的想法或具体计划,如"你这样难过,想过怎样解决吗?""接下来,你会怎样做?"等。不要担心自己问这些问题会诱发危机者的自杀行为,相反,这些问题有助于了解其自杀想法的强烈程度和自杀激化的危险程度。此时,绝不要答应危机者对其自杀想法予以保密,而要及时将这一信息向班主任和学校学生发展指导中心的教师汇报。这与对朋友不忠绝对不是一回事。

(5) 让危机者相信别人是可以向其提供帮助的,并鼓励其寻求他人的帮助和支持。朋辈心理辅导员也要尽量取得他人的帮助,以便与你共同承担帮助同学的责任,这样有助于减轻你的压力。

(6) 如果认为同学有即刻自杀的危险,要立即采取措施。例如,不要让同学独处,或可将其转移至安全的地方;要去除可以自杀的危险物品;陪其前往学校学生发展指导中心,寻求专业人员的帮助。

2. 对自杀未遂者的干预

对自杀未遂者的干预,朋辈心理辅导员要协助学校的教师、医生确定危机当事人是否还有生命危险,身体是否受伤,必要时要送医院;同时立即通知他的家人,在其家人未来之前,要有专人看护,接下来心理教师要为危机当事人提供心理支持和干预。这期间,朋辈心理辅导员应多与当事人交流,帮他做一些事情,让其体会到同学的情

谊、集体的温暖，这对心理干预很有好处。

3. 对自杀当事人身边的人的干预

目睹事发经过和当事人身边的人，如学生、教师、家长、亲友以及救援人员等，在事件发生后应当接受心理干预。筛查虽不在现场但是需要心理关注的学生，如有严重躁狂、抑郁等情感障碍的学生，曾有自杀未遂史的学生，曾在重大危机事件中遭受过严重创伤者，从精神科医院治疗后回到校园的精神疾病康复者等，这些人群也应接受心理辅导。朋辈心理辅导员可按照以上所列条件，协助教师确定需接受危机干预的人员。

五、朋辈心理辅导员的自我身心保护

在危机现场对危机者实施干预应是受过专门训练的专业人士的工作，朋辈心理辅导员由于没有接受过专门训练，也没有这方面的经验，原则上不需要做这项工作。但在危机现场，如果事发突然，情况急，此时就需要朋辈心理辅导员挺身而出去陪伴当事人。不管最后的结局如何，朋辈心理辅导员都已尽力了，所以要从内心深处感激自己。如果觉得疲劳的话，就要好好地睡一觉，好好地放松自己，不要让当事人影响了自己的生活，因为我们每个人都有拥有快乐生活的权利。如果感觉内心有压力或不适，应立即向学校学生发展指导中心的教师寻求辅导。

在平时的学习和生活中，我们也会产生各种心理压力，这是非常正常的。朋辈心理辅导员要关注自己的心灵成长，建立社会支持系统，密切与教师和同学的关系；合理安排自己的作息时间，积极参加体育锻炼，培养多种兴趣爱好，让自己的生命充满生机与力量。

第五章

朋辈心理辅导常用的心理学理论

第一节　人本主义理论

一、人本主义理论简介

人本主义心理学派是美国当代心理学的主要流派之一，于20世纪五六十年代在美国兴起，它以关注人的正面本质、人的成长和发展为己任，以改善和提升人的愿望和潜能为目标。该学派的主要代表人物是马斯洛（Maslow）和罗杰斯（Rogers）。

马斯洛提出了需求层次理论，该理论对人类的基本需要进行了研究和分类，把需求分成生理需求、安全需求、爱与归属感、尊重以及自我实现五类，依次由较低层次到较高层次排列。五种需求像阶梯一样从低到高，按层次逐级递升，但这种次序不是完全固定的，而是可以变化的。在多种需求未获满足前，首先满足迫切需求；待该需求满足后，后面的需求才显示出其激励作用。一般来说，某一层次的需求相对满足了，就会向更高层次发展，追求更高层次的需求就成为驱使行为的动力。同一时期，一个人可能有几种需求，但每一时期总有一种需求占支配地位，对行为起决定作用。

罗杰斯将人本主义理论运用到心理辅导，建立"以来访者为中心"的心理辅导体系。来访者中心疗法的基本假设是人性本善，人是完全可以信任的，且人具有自我实现和成长的能力，有很大的潜能理解自己的问题，而无须咨询师进行直接干预；如果处在一个高质量的咨询关系中，人能够通过自我引导而成长。罗杰斯认为，在咨询中咨询师的态度和个性以及咨询关系的质量是首要的，咨询师的理论和技能是次要的。如果咨询师为来访者提供信任和安全的心理环境氛围，来访者便会充分调动主观能动性进行自我调节，探索问题所在，促进自身发展，达到完善自我和发挥潜力的目的。

二、人本主义理论在朋辈心理辅导中的应用

人本主义理论为朋辈心理辅导工作指明了方向。朋辈心理辅导工作的核心不是做补救性工作,而是要挖掘人潜在的自我心理教育能力。朋辈心理辅导团队的组建始终以重视人的潜能及自我教育、自我价值为主导,注重人在心理健康教育中的主体性。

此外,来访者中心疗法为朋辈心理辅导员开展工作奠定了理论基础。依据该疗法的理论观点,朋辈心理辅导的基本前提是互相尊重与充分的信任,强调营造温暖和谐的气氛,激发求助者的自身潜能,引导求助者从积极方面认识自我,意识并辨别出成长过程中的缺陷与不足,进而能增强自我接纳和自我开放。基于同学间平等的地位和相似的背景,朋辈心理辅导员开展心理辅导工作有得天独厚的优势。朋辈心理辅导员可以为同学提供安全倾诉的环境,能更快地消除同学内心的顾虑,让同学吐露心声。来访者中心疗法提出,营造良好的心理氛围取决于三个条件——真诚、共情和积极关注。这也是朋辈心理辅导员开展工作的原则。

(一) 真诚

1. 真诚的含义

真诚是指在咨询过程中,咨询者不把自己藏在专业角色的后面,不戴假面具,而要以真我的面目出现于来访者面前,开诚布公,表里如一,真实可信地投身咨询关系之中。

罗杰斯认为,要做到真诚很重要的一点是要忠实于你自己,将自己作为一个完整而真实的个体进行体验,而助人过程的最佳境界莫过于意识到自己作为一个人存在的意义。在助人过程中,助人者作为怎样一个人存在将对来访者产生深刻的影响。

2. 真诚的意义

一方面,朋辈心理辅导员的真诚可以为来访同学提供一个安全自由的氛围;另一方面,真诚的朋辈心理辅导员给来访同学树立了榜样,使同学能够畅所欲言,一点一点地与自己的内心交流,渐渐学会以真诚的态度对待自己,也就能更坦率地表达自己的想法,其过去所否认或歪曲的经验、体验就会逐步减少,而自我概念与自我经验更趋向协调一致,来访同学在这样的过程中会获得改变和成长。

3. 表达真诚的注意事项

恰到好处地表达真诚,是一种技术,一种智慧,也是一种艺术。真诚的表露并不一定完全是顺其自然的,要做到恰如其分,否则会适得其反。有研究者归纳了表达真诚的四点注意事项。

（1）真诚不等于一定说实话。那些有损于来访者的利益或辅导关系的话，比如"你这个人真是不讲理""就你这德性，大家都不喜欢你！"等，尽管很可能是事实，是助人者的真实感受，却是不宜这样直接表达的。其实，第一句话可以改为"我觉得你刚才那番话的道理不是很充分，有点按自己的意愿在评判，你看，是不是这样呢？"这样既表达了助人者的感受，又容易为来访者所接受，避免了直接的批评甚至是指责，这样就不容易激发来访者的心理防御，而使他能比较平静地去探索自己的问题。

（2）真诚不是自我发泄。来访者的叙述，也会激发心理辅导者相同的情结或创伤，一旦情结被触动，有可能会控制辅导者本人，使他沉浸于自我的情感发泄之中，而忽略了来访者的利益。这种"真诚"是建立在损害来访者利益的基础上的，也会伤害辅导关系。

（3）真诚应该实事求是。实事求是，意味着不能不懂装懂，也不能修饰遮掩，更不能弄虚作假，心理辅导者应该不断地了解自己，坦然接受自己的不足，学会不断面对真实的自我，表里如一，言行一致。

（4）真诚应该适时适度。真诚不是越多越好，没有节制的真诚就如过度的热情一样，会使人感觉不能承受而损害辅导关系。随着心理辅导关系的发展，辅导员也可以对来访者的不足、缺点进行反馈，但前提是以不损害辅导关系为原则。

总之，真诚既是内心的自然流露，也要讲究技巧；真诚建立在对人的乐观看法、对人有基本信任、对求助者充满关切和爱护的基础上，同时也建立在接纳自己、自信谦和的基础上。真诚是助人者的基本素质，是潜心修养不断实践的结果。

（二）共情

1. 共情的定义

所谓共情，就是从来访者的角度，而不是从辅导者自己的参照体系出发，去设身处地地体会、感受、理解对方，并把这种理解传达给对方。例如你的同学说"真倒霉，我的手机丢了！我难过死了"，如果你说"你不要难过了，过去的事情已经没有办法改变啦"，这是从你自己的参照体系出发，没有体会到对方的情绪情感，不是共情式的沟通，因而对方也不会感到被理解，甚至可能会更难受。而一般的共情反应会是"你的手机丢了，你非常心疼……"这样的回应，使对方感受到你的理解与关注，进而表达自己更深层的想法与情绪、情感。

我们认为，传统文化中的"知音"或"知己"概念中，蕴含了共情性人际互动能力的实质和精髓。我们平常说的"换位思考"，是理性的共情理解；经常讲的"感同身受"，是感性的共情体验，它们都包含了共情的部分内容。

如果从心理辅导角度来看,共情有如下三方面的含义。

(1) 朋辈心理辅导员借助来访者的言谈举止,深入对方的精神世界,去体验他的思维、情感等内容。

(2) 朋辈心理辅导员借助自身知识和经验,把握来访者的体验、经历及其人格之间的联系,以更好体悟、理解问题的实质。

(3) 朋辈心理辅导员运用咨询技巧,把自己的体悟、理解传达给对方,以传达理解、取得反馈、达成共识,使来访者感到获得"知音"或"知己"的支持,愿意更深入、深刻地理解自己,寻求改变。

2. 共情的层次

为了便于操作,研究者把共情分为不同的层次,比较有代表性的是伊根和卡可夫的分类法。

伊根(Egan)把共情分为初级和高级两层。初级共情是指咨询师回应来访者表达的内容,使来访者感到被理解;高级的共情则是表达了来访者叙述中隐含的甚至自己都不清楚的感觉和想法,可帮助来访者更好地了解自己未知或想逃避的部分。

卡可夫(Carkhuff)把共情分为五种水平,其核心是以来访者所表达的内容和情感作为回应的基础。

水平一:有害的反应。是指辅导者回应的言语和行为,或者没有注意到来访者的言语和行为内容,或者改变了其原意。其典型的反应有:无关的问题、否认、安慰或建议等。

水平二:不完整的共情。辅导者的反应只注重了信息的部分内容,而忽略了情感部分。

水平三:初步的共情。辅导者对来访者表达的内容和明显的情感做出基本的回应,相当于伊根的初级共情。

水平四:辅导者对来访者表达的内容和情感做出较完整的回应。

水平五:辅导者对来访者表达的内容和情感做出准确、完整的回应,并能够指出其潜在的情感,相当于伊根的高级共情。

案 例

今年的高考其实并不难,班上成绩中等的人都考入了大学,没想到一向是佼佼者的我……我觉得考试根本就不能正确评估一个人的成绩,况且读书也不是为了考试,这样我也就想开了,决定参加工作算了。但我的父母却骂了我一顿,坚持说考上大学才有出息,一定要我参加补习班,然后再考。与他们争论了几天,没有结果,我都烦死了。

以下是与上例中的"我"共情的五种水平。

水平一：你为什么感到如此悲伤？

水平二：你一向成绩很好，但想不到高考却失败了。

水平三：因为高考失败，所以你感到很失望，很难过。

水平四：因为高考失败，所以你感到很失望，很难过，也不清楚前面的路该如何走，心中很乱。

水平五：你一向成绩很好，从来没想到高考会失败，因此你感到特别失望与难过，也有点气愤。与父母商量后，似乎非读书不可，但自己实在有点不甘心，因而内心很矛盾。

特别需要注意的是，共情除了可以用言语表达外，还有非言语行为，要重视把两者结合起来。一方面，朋辈心理辅导员回应来访者的内容应该反映其言语和非言语所蕴含的信息，特别是非言语行为常常会透露来访者内心的秘密；另一方面，朋辈心理辅导员除了言语表达外，还要有非言语表达，比如眼神的关注、面部表情、身体姿势、动作变化，这些都能传达共情，而且往往更有效、更简便。

3. 共情的操作技术要领

（1）转换角度，使自己变成来访者，用他的眼睛和头脑去知觉、体验、思维。按罗杰斯的看法，共情就是"体验他人的精神世界，就好像那是自己的精神世界一样"。

（2）设身处地地倾听来访者的叙述。

（3）回到你自己的世界中来，借助于知识和经验，把你从来访者那里觉察到的东西做一番整理，理解他们。

（4）用言语和非言语行为做出反应，引导来访者对其感受做进一步的思考。用温暖的话传递给他们。

（5）在回应的同时留意对方的反馈信息，必要时应直接询问对方是否感到自己被理解了。

共情既是一种心理辅导的技术，也是一种态度、理念和品质。共情能力的训练，是提升朋辈心理辅导员做他人知音的能力的过程。真正的理解是向来访者提供有益帮助的基础，共情能力弱的人，是难以为来访者提供有效帮助的。正确使用共情，是朋辈心理辅导取得成功与实效的重要保证，同时也对朋辈心理辅导员提升自我的沟通交际能力、寻求更多的知音大有帮助。共情水平的提高、共情特质的获得是一种不断学习、实践的过程，是用心培养的结果。朋辈心理辅导员切记不要为技术而用技术，除了正规的练习之外，特别要注意把共情能力的锻炼日常生活化，在与家人、朋友、同学以及他人的沟通中，不断尝试着运用共情式的沟通，以逐步提高自己的共情能力。

（三）积极关注

在罗杰斯早期的文章中，积极关注被称为"无条件积极关注"，也有人称之为正向关注或积极关怀。积极关注是指助人者以积极的态度看待来访者，对来访者的言语和行为的积极面、光明面或长处给予有选择的关注，引导来访者利用其自身的积极因素促使其产生积极变化。积极关注意味着即使来访者与你的观点截然不同，作为朋辈心理辅导员也应能意识到对方的价值与潜能，给予尊重和赞扬。

积极关注要求我们对来访者持肯定的态度，预期他们拥有潜在的力量或资源，并在朋辈心理辅导的过程中不断去识别和发现，同时予以不断的支持，最终使来访者的力量或资源得以增长，对他们的生活产生正面影响。

小诗欣赏

愤怒的背后是成长的力量，
哀怨的背后是追求的渴望，
嫉妒的背后是实现的动力，
苛刻的背后是坚信的执着，
自卑的背后是关怀的呼唤，
恐惧的背后是宁静的向往，
自闭的背后是理解的期盼，
争执的背后是交融的渴求，
冷漠的背后是如火的爱恋，
魔鬼的背后是天使的心灵，
紊乱的背后是本然的韵律，
枯萎的背后是绽放的实相。

第二节 合理情绪行为疗法

一、合理情绪行为疗法简介

合理情绪疗法（rational emotive therapy，简称 RET）也称"理性情绪疗法"，是帮助来访者解决因不合理信念而产生的情绪困扰的一种心理治疗方法，是 20 世纪 50 年代由阿尔伯特·艾利斯（A. Ellis）在美国创立的。1993 年，艾利斯认为"合理情绪疗法"的命名会误导人们以为此疗法不重视行为概念，于是将合理情绪疗法更改为合理情绪行为疗法（rational emotive behavior therapy，简称 REBT）。其实，他初创此疗法时就强调认知、行为、情绪的关联性，而且治疗的过程和所使用的技术都包含认知、行为和情绪三方面。

艾利斯认为，引起人们情绪困扰的并不是外界发生的事件，而是人们对事件的态度、看法、评价等认知内容，因此要改变情绪困扰不是致力于改变外界事件，而是应该改变认知，通过改变认知，进而改变情绪。他认为外界事件为 A，人们的认知为 B，情绪和行为反应为 C，因此合理情绪行为疗法的核心理论又称 ABC 理论。由于情绪是由人的思维、人的信念引起的，所以艾利斯认为每个人都要对自己的情绪负责。他认为，当人们陷入情绪障碍之中时，是他们使自己感到不快的，是他们自己选择了这样的情绪取向。合理的信念会引起人们对事物适当的、适度的情绪和行为反应；而不合理的信念则相反，会导致不适当的情绪和行为反应。如果人们坚持某些不合理的信念，长期处于不良的情绪状态之中，最终将会导致情绪障碍的产生。

人们常见的不合理信念有绝对化要求、过分概括化和糟糕透顶这三种。绝对化要求是指个体以自己的意愿为出发点，认为某事必定会发生或不会发生的信念。这种信念通常与"必须"和"应该"这类词联系在一起，如"别人必须友好地对待我"等。过分概括化是一种以偏概全的非理性思维方式，其典型特征是个体以某一件或某几件事来评价自身或他人的整体价值。例如，一些人面对失败的结果常常认为自己"一无是处"。糟糕透顶是指个体认为一件欠好的事情出现，将是相当糟糕而恐怖的。

要改善人们的不良情绪及行为，艾利斯认为要驳斥干预（D）非理性观念，而以理性的观念取代之。等到劝导干预产生了效果（E），人们就会产生积极的情绪及行为，心理困扰便会消除或减弱。因此，完整的治疗模式由 ABCDE 五个部分组成。

二、合理情绪行为疗法在朋辈心理辅导中的应用

当来访者产生情绪困扰时,运用合理情绪行为疗法能从认知上找到原因,进而通过改变认知来帮助来访者减少或消除他们已有的情绪困扰。具体的操作步骤如下:

(1) 找出使来访者产生异常紧张情绪的诱发事件(A),如当众讲话、考试、人际关系等。

(2) 请来访者挖掘出自己对诱发事件的解释、评价和看法,即由它引起的信念(B),并且探讨这些信念与所产生的紧张情绪(C)之间的关系。

(3) 帮助来访者修通不合理信念(D),使其学会用合理的思维方式代替不合理的思维方式。常用的技术包括与不合理信念辩论、合理情绪想象技术、家庭作业(主要是 RET 自助表和合理自我分析报告 RSA)、自我管理程序等。

(4) 随着不合理信念的消除,困扰来访者的情绪开始减少或消除,并形成更为合理、积极的行为方式,行为所带来的积极效果又促进着合理信念的巩固与轻松愉快情绪的固化。最后,来访者通过情绪与行为的成功转变,从根本上树立起合理的思维方式(E)。

基于深厚的同学之情和中学生易受同伴影响的特点,与心理教师相比,来访者更愿意接受朋辈心理辅导员的提问、面质和指引。但这也对朋辈心理辅导员提出较高的要求——不仅要掌握合理情绪行为疗法的基础理论知识,还要掌握使用技巧,并经常加以使用。

合理情绪疗法在考试焦虑心理辅导中的应用

(五次咨询记录)

1. 第一次咨询
(1) 咨询时间:(略)
(2) 咨询目的:
①收集资料,了解基本情况。
②建立良好的咨询关系。
③确定主要问题。
④探寻改变意愿。
⑤进行咨询分析,发现不合理信念。
(3) 咨询方法:会谈法、心理测验。

(4) 咨询过程：

①填写咨询登记表，询问基本情况，介绍咨询中的有关事项与规定，了解来访者的成长过程，尤其是成长中的重大生活事件。

②利用倾听、共情、尊重等技术给来访者一个倾诉的机会，让其把自己近期在学习、生活等方面的心理感受表达出来，有助于咨询师详细了解来访者问题的表现、形成原因、发生的背景和演变的过程，特别是探求来访者心理困惑的主要原因。

③说明测验的目的，进行心理测验（SAS①和SDS②），将测验结果反馈给来访者，并做出初步问题分析。

④确定咨询目标。

⑤向来访者简单介绍ABC理论的基本原理，了解影响来访者情绪和行为的不合理信念。

⑥教会来访者几种简单的放松训练。

⑦布置家庭作业：

a. 要求来访者尝试把诱发事件（A）、不合理信念（B）、不良情绪（C）写出来。

b. 每天进行一到二次肌肉放松练习。

2. 第二次咨询

(1) 咨询时间：（略）

(2) 咨询目的：

①加深咨询关系，进一步明确来访者的不合理信念。

②详细介绍ABC理论，帮助来访者一起寻找和确认其不合理信念，使其进一步领悟到自己的问题与自身不合理信念的关系。

③鼓励来访者发现影响其情绪与行为的不合理信念。

④帮助来访者进一步领悟自己的问题与自身的不合理信念的关系。

(3) 咨询方法：会谈法、合理情绪疗法。

(4) 咨询过程：

①反馈家庭作业：与来访者一起分析他的不合理信念；每天进行了一次肌肉放松练习，但做得不是特别好。

②根据ABC理论，让来访者结合自己的问题进行初步分析。例：每次考试（A）前，来访者都会有情绪困扰（C）。表面看来，情绪（C）是由考试这一事件（A）引起的。分析发现，来访者在考试前十分担心考试成绩，害怕家长伤心、老师失望，也怕被同学瞧不起，认为自己不够聪明（B），所以才会出现紧张、担心、焦虑的情绪（C）。也就是说，紧张焦虑不是考试引起的，而是担心害怕考试结果引起的。向来访

---

① SAS，即Self-Rating Anxiety Scale，焦虑自评量表。

② SDS，即Self-Rating Depression Scale，抑郁自评量表。

者指出其思维方式、信念是不合理的，说明不合理的信念与他们的情绪困扰之间的关系，即向来访者指出，他的情绪困扰之所以延续至今，是他所存在的不合理信念导致的。对于这一点，他自己应当负责任。

③帮助来访者从众多的外因和他的种种想法中，列举出产生不安、焦虑情绪时的想法。比如：

　　a. 考糟了，父母失望、老师失望、朋友失望。
　　b. 一次没考好，就证明自己能力差，以后也同样会失败。
　　c. 考试成绩代表了自己的价值。
　　d. 自己的成绩必须超过别人才算是好成绩。

归纳起来，这些想法就是来访者对自己的一种"绝对化要求""过分概括化""糟糕透顶"的夸张性反应，是不合理想法的三种典型表现形式。

④布置家庭作业：

　　a. 继续进行放松练习。
　　b. 完成认知性的家庭作业：请来访者结合日常生活事件，反思自己的不合理信念；介绍艾利斯归纳的11条生活中容易引起心理困扰的不合理信念，请来访者写出感想。

3. 第三次咨询

（1）咨询时间：（略）

（2）咨询目的：

①学会合理评价。

②与不合理信念辩论。

③帮助来访者改变思维，并放弃以往的不合理观念，用合理的信念尝试着代替不合理的信念；树立自信心，对考试有一个正确的认识。

（3）咨询方法：会谈法、合理情绪疗法。

（4）咨询过程：

①反馈家庭作业：对上次列出的不合理信念进行了认真的思考；放松练习进行得很好；自我观察与分析，找出了一些平日里负面消极的自我认识。

②针对上次列出的不合理信念，与不合理信念展开辩论，帮助来访者以合理的思维方式代替不合理的思维方式。比如：

"考糟了，父母失望、老师失望、朋友失望"——你是为谁读书的？为父母，为老师，为朋友？不，为自己！你告诉他们："我已经尽力了，你们要失望我也没办法！"

"一次没考好，就证明自己能力差，以后也同样会失败"——一次考试失败，肯定有原因，但寻找原因要客观、全面，不应该单纯从能力方面去追究失败的原因，还可能有情绪上、身体上、环境上的原因。当然，考试失败在一定程度上反映了能力存

在某种缺陷，或者是对知识的理解有误，或者是基本功不扎实，或者是记忆障碍，或者是思维缺乏变通与突破等。这些能力上的缺陷可以通过适当的方式加以弥补，并非是不可改变的。因此，失败之后，重要的是客观、全面地总结教训，找到原因，针对可改变的因素进行改进。对那些自己无法控制的原因，不必怨天尤人、纠缠不休。一旦改正了自己的缺点，下次考试就一定有希望成功。倘若用暂时的失败把自己彻底否定，那么这种毫无自信的心态会埋下再一次失败的祸根。

"考试成绩代表了自己的价值"——考试究竟是什么？考试是检查学习成效的一种手段，是发现问题的最好途径，其目的是显示出知识中已掌握的部分和没有掌握的部分。通过考试你发现了学习中的问题，这是考试的最大收获。另外，一个人的价值由许多部分组成，表现在品德、知识、能力、个性、理想、事业、家庭、友谊等方面，仅仅学习上的缺点与不足，并不能否定一个人的全部价值。

"自己的成绩必须超过别人才算是好成绩"——每个人的能力大小、擅长领域都不一样，一个人在一些方面可能优于别人，在另一些方面可能劣于别人，这是正常的。要承认别人优秀，更要承认自己和别人同样优秀。只要一个人尽了他最大的努力，所取得的成绩就是好成绩。因此不要与别人盲目攀比，以免给自己造成不必要的压力。考试成绩的好坏是对自己知识掌握情况的一种检验，并非是一种荣耀或耻辱，过多地关注别人对自身的评价，只会白白耗费自己的精力，使学习进入恶性循环之中。

③展示不合理信念的无效，以及这些不合理信念是如何影响来访者的行为并导致相关的情绪困扰的。

④让来访者认识到，不准确的语言是思维过程歪曲的一个重要原因，而他以往使用的"必须""应当"等，完全可以改为"愿望"，比如，我希望取得好成绩。

⑤布置家庭作业：

a. 让来访者与自己的不合理信念进行辩论，将原来列出的不合理信念与此次提出的建设性信念列表一一对照，并认真思考，学习制作RET自助表。

b. 在第三次的月考中应用咨询师提出的考试技巧，考试前进行积极的自我暗示。

4. 第四次咨询

（1）咨询时间：（略）

（2）咨询目的：

①巩固咨询效果。

②进一步与不合理信念辩论。

③放松训练、自信训练。

（3）咨询方法：会谈法、合理情绪疗法。

（4）咨询过程：

①反馈家庭作业：检查讨论，鼓励继续执行。

②继续与不合理信念辩论，用合理的信念代替不合理的信念。

③进行放松训练和自信训练，提高来访者应付焦虑性情绪反应的能力，进一步改善睡眠。

④布置家庭作业：继续与自己的不合理信念进行辩论，写出合理自我分析报告；进行放松练习。

5. 第五次咨询

（1）咨询时间：（略）

（2）咨询目的：

①巩固咨询效果。

②心理测验。

③结束咨询，制定行为目标，树立积极的自我意识。

（3）咨询方法：会谈法、心理测验。

（4）咨询过程：

①反馈家庭作业：检查讨论，鼓励继续执行。

②总结这一段咨询过程，再次肯定来访者的改变。

③分析心理测验结果。

④基本结束咨询，建议来访者今后继续努力的方向：增强自我调节能力，达到人格完善。

［来源：黄树香. 一例高中生考试焦虑心理咨询案例报告［J］. 社会心理科学，2012，27（8）. 有改动］

第三节　积极心理学

一、积极心理学概述

（一）积极心理学的内涵

积极心理学是一门从积极角度研究传统心理学研究的内容的新兴科学，是心理学领域的一场革命，也是人类社会发展史上一个新的里程碑。积极心理学作为一个研究领域的形成，以马丁·塞里格曼（Martin Seligman）和米哈里·奇克森特米海伊（Mihaly Csikzentmihalyi）于2000年1月发表的论文《积极心理学导论》为标志。它采用科学的原则和方法来研究幸福，倡导心理学的积极取向，研究人类的积极心理品质，关注人类的健康幸福与和谐发展。

积极心理学继承了人本主义和科学主义心理学的合理内核,修正和弥补了心理学的某些不足,认为心理学的目的并不仅仅在于除去人的心理或行为上的问题,而是要帮助人们形成良好的心理品质和行为模式。没有问题的人,并不意味着就能自然而然地形成一种良好的心理品质和行为模式。

积极心理学强调对人性优点和价值的研究,认为心理学的功能应该在于建设而不是修补,因此,心理学的研究对象应该是正常的、健康的普通人,而不是少数"有问题的人"。心理学应该注重人性的优点,而不是其弱点,倡导研究和探索人类的美德,从而填补了心理学在正常人心理活动研究方面的空白,恢复了人性的积极面。

积极心理学提出积极的预防思想,重视对心理疾患的预防,认为在预防工作中所取得的巨大进步,主要来自个体内部系统的塑造能力,而不是修正其缺陷。积极心理学认为,人类自身存在着抵御精神疾患的力量,预防的主要任务是建立一门有关人类自身力量的科学,其使命是探究如何在个体身上培养出这些品质;通过挖掘处于困境中的个体的自身力量,就可以做到有效预防;若仅关注个体身上的缺点或弱点,其实并不能达到有效预防的效果。积极心理学的任务在于有效测量个体的积极心理品质,弄清它们的形成途径,并通过恰当干预来塑造这些心理品质。

积极心理学在研究视野上摆脱了过分偏重个体层面的缺陷,在关注个体心理研究的同时,强调对群体和社会心理的探讨。另外,在对心理现象和心理活动原因的认知及其理论假设的建构上,积极心理学强调人的内在积极力量与群体、社会文化等外部环境的共同影响与交互作用。尽管积极心理学强调个体的心理、人格的良好品质,但仍十分重视社会文化环境,如政治、经济、教育、家庭等因素对个体情绪、人格、心理健康、创造力以及对心理治疗的影响。积极心理学主张个体的意识和经验既可以在环境中得到体现,也在很大程度上受到环境的影响。

(二) 积极心理学研究的问题

美国著名心理学家埃德·迪纳(Ed Diener)认为,积极心理学研究下述问题。

(1) 感恩之心。这种感恩不是通常意义上的报答,不是情感回报,更不是义务和责任。它指的是我们对自己拥有的事物和受惠经历的一种欣赏、一种快乐、一种积极主动的体验。

(2) 实现蓬勃兴盛的幸福人生的5个因素(PERMA)。这5个因素是激发我们人类幸福之感的5种最基本的心理基础:积极快乐的情绪(positive emotion)、沉浸其中的投入(engagement)、美好的人际关系(relationships)、有意义和目的的事情(meaning and purpose)、有收获和成就的感受(accomplishment)。PERMA不仅能帮助人们感到快乐、满足,还能带来更好的生产力、更多的健康,以及一个善良的人生。

(3) 美德。根据塞里格曼和克里斯托弗·彼得森(Christopher Peterson)的研究,人类不管处于什么文化,其实都有一些共同认可的美德,这就是他们发现的6个领域

（正直、勇气、智慧、仁爱、升华、节制）和24项优势和美德。

（4）主观幸福感。主观幸福感主要是个体对自己生活状态的满意程度，以及积极情绪体验的频率。

（5）意志力。这就是我们人能够驱使自己做自己认为应该做的事情的动力和坚忍精神，具有开拓和提升自己的学识、境界和能力的精神。

（6）福流。它指的是人们在从事自己喜爱的工作和做事情的过程中产生的一种物我两忘、天人合一、酣畅淋漓的积极体验。

（7）意义和目的。它指的是人在生活、工作中发现和追求的意义以及感觉某种神圣、积极的召唤体验。

（8）利他行为。这是指我们愿意帮助他人，照顾他人所获得的身心愉快的体验及策略和方法。

（9）自我控制。它指的是我们人能够控制自己的欲望和冲动，并保持心理能量充沛的能力和过程。个体在自我调节能力上的差异，与我们的生活质量和人生发展的轨迹密切相关。

（10）积极教养。它指的是父母对孩子的一种积极心理的教育教养方式。它不是权威式的教养，而是不过于强调对孩子的管教；也不是无为、放任式的教养，而是一种最符合儿童身心健康发展的教育方式。

（11）尽责心。即是大五人格的一种，也是对自己和他人的内在心理状况的一种体验和知觉能力。

（12）自我效能感。指的是斯坦福大学心理学教授阿尔伯特·班杜拉（Albert Bandura）提出的人对自己能力及作用效果的一种认识和判断。它是心理学引用最广泛的一个概念，也是积极心理学的一个重要课题。

（13）友情。指的是我们对别人的照顾和友谊。人类的亲情和友谊是幸福最重要的基石之一，也是我们中华民族的传统美德。

（14）精通。指的是我们在生活中应掌握的技能技巧。

（15）合作。指的是人与人之间、组织与组织之间、社区与社区之间一种追求共同目标的、待人处事的精神和风格。

二、积极心理学在朋辈心理辅导中的应用

越来越多一线教师以及学者认为，学校心理健康教育绝不仅仅是对高危个体进行危机干预，更重要的是提升师生的积极心理品质、帮助师生更好地自我发展，营造和谐幸福的校园氛围。学校心理健康教育工作需要将"心育"融入学校教育文化。

积极心理学认为心理健康的主要目标是促进个体的主观幸福感，积极情绪可以增强人的体力、智力、社会协调性，比消极情绪有更为持久的适应功能。积极的情绪更

能维持长久的行为动力，更加有利于人们发挥潜能，它能引导人们在幸福感中做事情。积极心理学关注人的幸福感与优势潜能，研究积极的主观体验即积极情绪包括对过去的幸福感和满足、对未来的希望和乐观主义，以及对现在的快乐和幸福流。传统模式下的学校心理健康教育多在"以问题为中心"的模式下展开，强调对心理问题的化解，忽视对学生积极品质的培养。这种偏重使得心理健康教育的意义变得狭隘，且造成心理健康教育价值的偏离，使心理健康教育逐渐走入困境。学校心理健康教育引入积极心理学的观点，有助于矫正偏颇，在施教中更好地促进学生心理的健康发展。

根据马斯洛需求层次理论，学生成长的需要层次从低到高分为三个水平，即缺失性需要、维持性需要和成长性需要。

具体来说，"缺失性需要"指因心理发展水平低于正常标准而引起的弥补缺陷或消除麻烦的需要，如纠正行为问题、克服心理障碍等。这类需要对应马斯洛需求层次的生理需求和安全需求。处于缺失性需要水平的学生由于家庭教育的缺失或受后天环境的不良影响，通常表现为抱怨现状、贪恋物质享受、喜欢攀比……因此他们经常会产生不公平感、厌倦感等消极情绪。例如，有的学生抱怨父母经济条件不好而与父母关系紧张，因为嫉妒、攀比、炫富而产生小偷小摸的不良行为等。对于此类学生，我们需要帮助他们摆正心态，让他们学会以平和的心态面对现状的不完美，形成积极向上的幸福观。

"维持性需要"指按正常标准维持正常状态的需要，如保持良好的习惯、培养集体荣誉感等。这类需要对应马斯洛需求层次的爱与归属感需求和尊重需求。处于维持性需要水平的学生虽然没有表现出严重的心理问题或者行为问题，但由于这类学生缺乏积极主动的品质，缺乏目标和兴趣，成长和发展受到极大制约。例如，很多学生会听从家长和教师的指令，做各种练习题，上各种培训班，他们机械地遵守着规则，却很难主动发现问题，更不用说深入思考问题。对于此类学生，我们不仅要引导他们珍惜眼前的美好，发现身边微小而确实的幸福，还要激发他们对生活的热情与期待。

"成长性需要"是超越常规标准的更高境界的追求，如确立梦想并为之努力奋斗、追求精神世界的富足等。这类需要对应马斯洛需求层次的自我实现需求。处于成长性需要水平的学生表面看来身心健康、人际关系和谐、家庭幸福、个人兴趣和能力也得到了比较好的发展，但深究之后会发现，这些学生对幸福的理解往往停留于外部的给予，很少源于自身的创造。例如，有学生说："老师，我发现我真的很幸福。你看我家里条件挺好的，我爸妈也对我很好，我在学校还有很多朋友，要是可以不读书那就更好了！"不难推断，当这样的孩子走出象牙塔，一旦外部幸福资源供给中断，就会陷入难以适应和处理的困境。他们没有形成一套内在的感知幸福、创造幸福的策略，幸福感对他们来说是被动的、受外界环境控制的。因此，对于此类学生，我们需要发展其更全面的幸福观，让他们学会创造属于自己的幸福。

就华附学生来说，大部分学生都处于维持性需要或者成长性需要的水平，学生存在迷茫、无意义感，缺乏兴趣的状态也恰好反映出他们渴求更高层次的、内在的、积极的成长需要。

朋辈心理辅导员作为宣传者，不仅要普及心理健康常识，澄清有关心理健康的误区，还应该宣传积极心理学的理念和研究成果，给同学以启发。比如，利用班里的黑板报和年级的心灵驿站等宣传途径渗透积极心理学的研究课题和研究成果，如围绕"感恩""意义""幸福""福流""坚毅""利他"等主题进行宣传。

朋辈心理辅导员作为辅导者，在与同学交流时，不仅要看到同学身上存在的困扰和问题，还应该看到同学身上的积极点和资源，引导他们挖掘自身资源，激发他们对生活的期待和热情。

朋辈心理辅导员作为活动的组织策划者或协助者，一方面，在策划活动的目的上要融入积极心理学的理念，特别要把握"成长""积极"和"内在"这三个关键特征。比如，用积极的、发展的眼光，让同学通过认识幸福、发现幸福、创造幸福这样循序渐进的过程，解决成长过程中的问题。另一方面，在活动设计中要融入积极心理学的元素。

秘密天使活动

- 每个同学抽取一个号码，这个号码代表学号，其对应的同学就是所要守护的对象。这个号码只能自己知道，不可以告诉任何人。
- 在2周的时间里，守护人要尽自己的能力、用自己的方式，默默地关心和帮助守护对象，也就是要担任守护对象的秘密天使。
- 2周后，召开"秘密天使见面会"。
- 在会上，每位同学发有一张小卡片，要求在小卡片上写下自己观察到或了解到的守护对象的一些优秀的特质，越具体越好，同时也写上对守护对象的祝福和鼓励。
- 互相赠送卡片。
- 邀请一些同学读卡片和分享感受。

"心晴跑"活动

热点往往能引起共鸣，我们可以利用这种共鸣激发参与者的好奇心，从而打造出一个个有特色的心育活动。例如，学校的"心晴跑"就是借鉴了热门综艺节目《奔跑吧，兄弟》中的一些游戏形式，以此激发学生的兴趣，吸引更多的学生参与其中。

学校心理素质拓展活动"心晴跑"为学生打造了一个"搭乘幸福的列车"的情境。每个学生都持有一张通往幸福站的车票，通过不同的站台会遇到不同的挑战，通

过挑战则可在票根背面印上一句"幸福密语"。如此设置不只体现了创意和特色,更加深了学生在幸福列车的情境中对幸福的体验和感悟。这里的"幸福密语"并不是随便简单挑来的几句关于幸福的名言,而是每一句都有其深意。不同站台上的游戏都经过精心设计,能提炼出关于幸福的一些因素。例如,"微笑定格"这个站台的游戏就是让学生和好朋友一起在卡通照片框拍摄有灿烂笑容的合影,当合影成功后学生的车票背面就会印上"幸福是纯真的笑脸"的字样;"勇闯雷阵"是让一个学生扶着另一个带眼罩的学生穿过障碍物,顺利通过后,车票背面会印上"幸福是温暖的信任"。此外,还有"幸福是专注的投入""幸福是乐观的心态""幸福是简单的快乐""幸福是未知的惊喜"等印章。这样的细节设计,使整个"心晴跑"活动串联成一个整体,并且每句话和每个游戏的关联都能让学生在得到印章时恍然大悟,接着会心一笑。

[来源:何园竹. 积极心理学视角下学校心育活动的设计与实践 [J]. 新课程评论,2017(11). 有改动]

方法与技能编

第六章

心理辅导入门

第一节 心理辅导概述

一、心理辅导的内涵

（一）心理辅导的定义

心理辅导又称"心理咨商"或"心理咨询"，指在良好的咨询关系基础上，由经过专业训练并拥有相关资质的心理咨询师运用咨询心理学的有关理论和技术，对有心理困扰的来访者进行帮助，以消除或缓解来访者的心理困扰，促进其心理健康与自我发展的过程。心理辅导侧重一般人群的发展性咨询。

（二）心理辅导的分类

1. 按辅导内容分类

（1）发展性心理辅导。发展性心理辅导是一种预防性辅导，指的是以帮助来访者认识自我、适应心理发展、发掘心理潜能为主要辅导内容的辅导。这是中小学心理健康教育的核心。

（2）补救性心理辅导。与预防性辅导相对应，补救性心理辅导是一种治疗性辅导，指的是以各种类型的心理障碍（非精神病性）为主要辅导内容的辅导。

2. 按辅导形式分类

（1）面谈心理辅导。面谈心理辅导是传统的辅导方式，即咨询师和来访者面对面进行咨询。在面谈心理辅导中，咨询师可以通过直接观察来访者的外貌形态、气质、言谈举止等来更好地把握其心态，来访者也可从咨询师的非言语表达中感受到共情与关注，有助于建立良好的咨询关系。

（2）电话心理辅导。电话心理辅导指利用电话对来访者进行辅导的一种心理辅导方式。采用该方式的咨询师一般拥有专用的电话号码，有固定的咨询时间。电话心理辅导因其形式的便捷性而受到人们的青睐，但也有着一些局限性。比如，咨询师难以通过来访者的外貌、衣着、举止等非言语信息来了解、判断来访者的心理问题，也不便于对来访者进行一些实操性辅导方法（如放松训练）的指导和演示。

（3）网络心理辅导。网络心理辅导是指咨询师利用互联网对来访者进行辅导的一种心理辅导方式。网络的匿名性满足了部分来访者不愿意透露身份的心理，但网络的虚拟性却使得咨询师对来访者心理问题的判别和诊断较为困难。另外，信息的传递和保存也存在安全隐患。

二、心理辅导的一般过程

有专业人员对不同的心理治疗方法进行临床疗效研究。一系列包含了不同研究对象及多种研究方法的临床疗效研究结果均表明，不同流派的心理治疗的疗效并未发现存在显著差异。对这一现象的解释有很多，目前较为普遍接受的解释是：有效的心理咨询无论其理论取向为何，都包含了如下有助于来访者积极改变的共同核心要素——良好的咨询关系和治疗联盟；信念和期望的塑造；情绪的释放和宣泄；减轻焦虑、缓解紧张；解释和领悟；能力的培养（适应性提高）（刘稚颖等，2018）。

有研究者根据他们认为的与阳性治疗结果（阳性的含义是指接受治疗者的积极改变与未接受治疗者存在显著差异）有关的一系列过程提出了共同因素清单。他们将有效因素分为三类：支持因素（积极的关系、信任、情绪宣泄、共情、接纳等），学习因素（认知学习、矫正性情感体验、反馈、内省、领悟等），以及行动因素（自我控制、行为调整、暴露、示范、现实检验等）（刘稚颖等，2018）。

对应于心理咨询共同因素的理论假设，在具体的实践活动中，咨询师应该学习并掌握有助于促进来访者积极改变的基本助人技术。在多年的临床实践和教学培训中，《助人技术》一书的作者克拉拉·E·希尔（Clara E. Hill）提出了助人三阶段的理论框架，即心理咨询的基本过程可概括为探索、领悟和行动三个阶段。每个阶段所使用的基本技术各有特点。在专业学习的第一阶段，咨询师应首先具备基本的助人技术，完成三阶段的基本目标；在此基础上，进一步运用各种系统理论和技术来促进每一阶段的特定咨询效果。

探索阶段的目标主要有：与来访者发展咨询关系，通过专注、倾听和观察来帮助来访者探索想法、体验和表达情感，从而尽可能全面准确地理解来访者的问题。

领悟阶段的目标是促进来访者对自己问题的觉察和领悟，能从新的角度理解自己的认知、情感、行为之间的关系，认识到自己的责任，产生新的认知和情感体验，并开始采取行动来促成改变的发生。

在行动阶段，来访者需要设立目标，学习行动策略，进行行动的尝试并逐渐形成有效的行动模式。

三、走出心理辅导的常见误区

对心理辅导的不了解，使人们对心理辅导产生种种误解，这些误解限制了心理健康教育工作的开展。朋辈心理辅导员要对这些误解充分了解，并能进行清晰解释，这是朋辈心理辅导员做好工作的基础。

心理辅导不等于心理治疗。心理辅导以面对正常人的发展性问题为主；心理治疗则更侧重心理疾患的治疗和心理评估，是对有心理障碍的来访者进行帮助与矫治，以消除或缓解来访者的心理障碍或问题，促进其人格向健康、协调的方向发展。

心理辅导不等于社交谈话。心理辅导中的谈话与朋友之间的谈话有着很大的区别。首先，区别于朋友之间谈话的随意性，心理辅导中的谈话是有严格的时间、地点限制的，即要在正式的心理咨询室中，按照预先规定的咨询时间进行。再者，心理辅导中的谈话以辅导目标为线索，由咨询师把握各种咨询原则和采用恰当的咨询技术，帮助来访者解决心理问题；而朋友之间的谈话是可以漫无目的的。最后，咨询师应自觉、严格地遵循职业规范，避免与来访者建立双重关系。如果遇到来访者主动要求建立关系，咨询师应讲明心理辅导的职业规范并婉言谢绝。

心理辅导不等于逻辑分析。由于对心理辅导缺乏准确的认识，有些来访者抱着请咨询师分析自己或者他人的想法来咨询。这些想法不符合心理辅导的职业理念。心理辅导是帮助来访者达到自我完善的过程，是一个以共情为基础，以探讨、协商为手段的反思过程，辅导的目标是提高来访者自己解决自身问题的能力，而不是靠咨询师的逻辑分析或者说理教育来解决问题。

心理辅导不等于安慰他人。心理辅导的过程中往往存在许多让人伤感的负性情绪，开导、安慰来访者可以是咨询过程的一部分，也有利于建立良好的咨询关系。然而，咨询师需要清楚的是，心理辅导的主要目标不是安慰来访者，而是使来访者学会自我安慰和促使自己成长。

心理辅导不等于替人除难。在心理辅导时，往往会遇到一些"可怜"的来访者，他们也许需要家庭温暖，也许需要一笔钱，但心理辅导要解决的是心理层面的问题而不是生活层面的现实问题。另外，心理辅导的目的不是"授之以鱼"，即不是直接告诉来访者应该怎么做，而是"授之以渔"，即助人自助，帮助来访者获得心理成长，增强其认识问题、解决问题和调控自己的能力，使其建立健全人格，提高心理素质，最终帮助自己解决心理问题。

阳光心配方——中学生朋辈心理辅导理论与实践

第二节　朋辈心理辅导的基本技术

一、非言语技术

非言语技术，也即非言语行为，对良好咨询氛围的营造以及良好咨询关系的建立至关重要，尤其是在辅导的初始阶段。

非言语技术主要是通过目光交流、面部表情、手势和其他肢体语言来实现的。

1．目光交流

目光传达的一个重要信息是"我在听你说话"，能让来访者感受到来自咨询师的尊重和关注，因此咨询师应当给予来访者积极的目光交流。

2．点头

和目光交流相似，点头也是一种信号，表示我在听你讲话，理解你的意思，希望你继续讲下去。来访者收到这样的信号，就会大胆地讲下去。因此，当咨询师希望来访者继续就某内容讲下去时，可以给予轻微的点头示意。

3．面部表情

来访者可以从咨询师的面部表情判断出对方对自己的重视程度和诚意，因此咨询师应该及时地使用微笑、皱眉、迷惑不解等表情对来访者的谈话给予回应，从而给来访者提供准确的反馈信息，以利于来访者及时调整。

4．手势

一般来说，双手向上表示接受、真诚和同情，双手向下则表示拒绝、排斥和反对。双手摆动幅度太大，说明不耐烦；另外，一些小动作如弄头发、抠鼻子、掏耳朵、弄胡子、玩钥匙等，都体现了某种程度的不耐烦。因此，咨询师在辅导过程中应该避免这类表示拒绝和不耐烦的手势。

5．身体姿势

自然舒展的身体姿势多是开放式的，表示接纳；紧张的、局促的身体姿势多是封闭式的，含有拒绝的暗示，例如交叉双臂代表一种防卫，跷二郎腿给人一种居高临下、攻击和教训对方的感觉。因此，在辅导过程中，咨询师要注意自己的身体姿势，一般要面向来访者，身体稍微前倾，保持放松的状态。

二、会谈技术

（一）提问

提问是咨询师主动提出问题并让来访者回答的一种技术，是心理辅导中最常用的技术之一。提问可以促进咨询师与来访者的交流，收集信息，澄清事情和感受，鼓励来访者自我表露，促进来访者的思考、自我觉察与自我探索。

最基本的两种提问方式是封闭式提问和开放式提问，其他的提问技术还包括具体化询问、差异式提问、例外式提问等。

1. 封闭式提问

（1）内涵。这种提问有固定的、明确的答案，来访者必须作"全或无"的回答，常用"是不是""要不要""会不会"等形式发问。

例子

"你在学校里有要好的朋友吗？"
"是学习不好让你烦恼吗？"
"你觉得老师不公平是吗？"

（2）作用。封闭式提问能帮助来访者将思考的内容条理化；缩小讨论的范围；避免谈话过度个人化；终止讨论。

（3）注意事项。慎用一连串的封闭式提问，否则，学生往往会变得沉默和被动。

例子

咨询师：有什么事需要帮忙吗？
来访者：唉，我心里很烦。
咨询师：能告诉我什么事令你烦恼吗？
来访者：唉，一言难尽。（沉默）
咨询师：是不是学习上遇到困难了？
来访者：（摇头）
咨询师：是同学关系不好吗？
来访者：不是。
咨询师：是不是和爸爸妈妈吵架了？
来访者：也不是。
咨询师：（生气）那究竟是什么事让你烦恼？

2. 开放式提问

（1）内涵。这种提问没有固定的答案，学生自由回答，常以"什么""怎样""能不能"等形式发问。

例子

"你觉得老师不公平的原因是什么？"
"你在学校里和同学的关系怎样？"
"什么事情令你这么烦恼？"

（2）作用。用"什么"可引出事实与资料，主要涉及事件的过程和顺序等；用"为什么""如何"往往能了解来访者情绪感受性的反应。

（3）注意事项。要慎用"为什么"，因为在心理辅导过程中对来访者问"为什么"，容易形成一种暗示，似乎咨询师在责备来访者的行为、想法和情绪，这很容易导致来访者产生逆反心理和烦躁。取代问"为什么"的方法有两种，一种方法是问原因，例如，来访者说"我不想去学校"，咨询师问"你说你不想去学校，可以说说原因吗？"另一种方法是用隐喻鼓励，即将来访者的话重复一遍，结尾语音用升调，如"你说你不想去学校？"

3. 具体化询问

具体化询问可分为以下几种类型。
（1）就疑点询问，如"你是怎么知道同学不喜欢你的呢？"
（2）就事实询问，如"你是因为这件事而确认自己不受同学欢迎的吗？"
（3）就关键词询问，如"你刚才说最近同学对你有看法，请问最近发生了什么事？"
（4）举例式询问，如"你说同学不喜欢你，举一个例子说明好吗？"
（5）回溯式询问，如"你过去为改善同学关系做了哪些努力？"

例子

来访者：我觉得自己很自卑。
咨询师：你是在所有的事情上自卑，还是在有些事情上自卑？
来访者：有些事情上。
咨询师：能具体说说在哪些事情上感到自卑吗？
来访者：在人际交往上。
咨询师：你所说的人际交往主要是指和谁的交往呢？
来访者：和同学的交往。
咨询师：能举个例子吗？
来访者：昨天几个同学一起去玩，却没有叫我。

4. 差异式提问

差异式提问可分为以下几种类型。

（1）针对问题的不同赋义。例如：

①有没有谁认为这不是问题？

②如果认为问题有另外的解释，会是什么？有没有人喜欢你的问题，如果有，你能告诉我他怎么看？

③同学们不喜欢你，是指所有的同学，还是指有些同学？

④你说自己学习成绩不好，是指所有的科目，还是有些科目？

（2）针对问题的不同关注点。例如：

①如果排序，哪个问题是你率先要解决的？

②如果让你重述一遍，哪些问题是你一定要讲的？

③在你身边，谁更希望问题改变呢？谁最不希望？

④谁对问题更关注？

（3）针对问题的不同澄清方式（描述、解释、评价）。例如：

①如果别人来讲你的故事，会不一样吗？（描述）

②如果问题还有另外一个原因，会是什么？（解释）

③有没有人不同意这样的看法？他会怎么说？（评价）

（4）针对问题的不同时间维度。例如：

①问题在昨天和今天有什么不同？

②如果问题早一年出现，会是什么样，如果晚一年出现又会怎么样？

③如果问题照此发展，一年/三年/十年后会是怎么样？

④此时此刻你的感受是……（现在）

⑤听到他第一次说要跟你分手时，你的感受是……（过去）

⑥三年后，你再想起这件事情，你觉得你的感受是……（将来）

5. 例外式提问

任何问题都有例外。来访者有能力解决自己的问题，咨询师应引导来访者看到问题好转的时期，或者问题比较不严重的时期，看到自己解决问题的可能性。同时，咨询师还应帮助来访者找出自己身边的资源，利用过去成功的经验。以下都属于例外式提问：

①什么时候这个问题没有发生？

②什么时候你也曾做过一些你想做到的事？

③如果别人认为你已经不一样了，你猜别人可能会认为你有哪些不一样？

④有没有一些时候，会有一些例外情况发生过？那是什么情形？

⑤你如何让这种例外再次出现？

⑥你说考试之前都会焦虑，请问有没有哪一次考试之前你是不焦虑的或没那么焦虑的？请描述一下那次的情形。

⑦你觉得目前感觉很糟糕，有没有哪一刻，你觉得感觉没那么糟糕的？

⑧你说同学不尊重你，有没有哪一次你感受到了同学的尊重呢？

6. 假设式提问

假设式提问常应用于如下情形：当来访者很难用正向思维来思考时，或不易想到正向的目标时；当来访者想不到例外时；当咨询师要比较例外与来访者想象的解决办法之间的差异时；当来访者目标不明确时。

假设式提问可分为以下几种类型。

（1）奇迹式问句。例如：

如果有一天，你睡觉醒来后有一个奇迹发生了，问题解决了，你如何得知？会有什么事情变得不一样？

（2）水晶球问句。例如：

如果在你的面前有一颗水晶球，可以看到你（美好）的未来，你猜你可能会看到什么呢？

（3）记忆录像带式问句。例如：

几个月后，当你的问题已经解决时，我和你一起来看一卷录像带，这卷录像带记录你从现在到问题得到解决时的整个过程，你猜我们会看到你做了什么让事情发生了改变？

（4）拟人化问句。例如：

当问题已经解决时，如果我是墙上的一只苍蝇（或壁虎、钟），正看着你，我会看到你做了些什么不同的事情？

（5）结局式问句。例如：

如果这是最后一次咨询，当你走出去时，问题已解决了，那么你会有些什么不一样？

7. 转换式提问

例外式提问是就一个"点"的相反性质来提问，如果来访者陈述"爸爸不好"，咨询师会提问"爸爸有没有好的方面"；而转换式提问则是就"点"之间的转移来提问，咨询师不谈"爸爸"了，而是提问"那么你妈妈呢？"或者，也可以转移到来访者自身——"那么，你觉得自己对爸爸的态度是怎样的？"

转换式提问是在心理咨询的过程中用得比较多的一种提问类型。当咨询师就某一个"点"的问题感到暂时无法取得什么进展的时候，就会先移开一下，在相关的其他"点"上进行聚焦，以推进整个咨询过程。

8. 打分式提问

以下都属于打分式提问：

①假如用 0 到 10 来给你说的焦虑打分，现在，就是此刻，你会打多少分？（探测即时的感受，咨询开始和结束时都可以用）

②如果把一天的总时长当作 10，发生问题的时间占多少呢？（剥离技术）

③如果你认为这是导致问题发生的因素之一，那么这个因素占总体因素的百分之几呢？

④如果问题占了你生活的 70%，那么剩下的 30% 你在做什么？

⑤你能给同学关系一个评分吗？如果 10 分是满分，你打几分呢？

SFBT 咨询技巧在考试焦虑案例中的运用

上述很多提问技巧来源于焦点解决短期疗法（solution-focused brief therapy, SFBT），下面以高三学生考试焦虑为例，说明 SFBT 咨询技巧的运用。

1. 发现例外

凡问题都有例外，例外是指应该出现的状况不知为何并未发生。在高中学生的考试焦虑问题中，学生并不是每一场考试面对每一道题都是焦虑的，他们甚至更多的时候是处于平静状态的。我们要发现的就是学生在不焦虑时期的心理状态，让他们调节好自己心情的频率。持续而严重的焦虑周期过后，当问题不那么强烈时即为轻松解决问题的最佳时机，寻找这些例外就是进一步建立解决问题的方案。应用如下：

来访者（以下简称"来"）：老师，这次月考我很紧张，很多本来会做的题都做不出来了，头脑中一片空白，还看错了一道题，理综试卷有很多题都没有做完。我害怕高考时也会出现这种情况，老师我真的好紧张，我该怎么办？

咨询师（以下简称"咨"）：（轻拍学生的手）嗯，你前几次月考的理综试卷都做完了吗？

来：嗯，好像没有完成得很好的记录。

咨：你再想想，每一次理综考试你没有做完都很紧张吗？（寻找例外）

来：那倒不是，有一次我就做得很顺利，分数也比较高。（找到了例外）

咨：很不错嘛，告诉我，你是怎么做到的？（进行详细的研究）

咨询师的好奇心会让来访者暂时忘记他曾经焦虑过，而去寻找积极经验。例外的研究让来访者自己总结出很多有益的经验。经过几次实践，来访者的焦虑情绪得到了明显缓和。

2. 评分问题

在我们的日常沟通中，都喜欢用概念模糊的词语来描述自己的问题。在 SFBT 中

我们采用数字来与学生进行沟通,让他们用数字来回答某个问题,评估自己的状态,再把它用在各种情境之中来监测自己的行为并制定自己的目标。应用如下:

来:我的目标是上一本线。

咨:哦,很好!可以问问你知道我们省去年的理科一本线是多少分吗?

来:530多分吧。

咨:嗯,可以告诉我你这几次的月考分数吗?

来:这几次月考我都发挥得不好,都是四百七八十分。

咨:嗯,那么你知道还有多久高考呢?

来:(算了一下)嗯,还有15天。

咨:那么,你认为在15天内提高五六十分,你有多大的把握?满分是10分,你为自己打多少分?(第一次让来访者评分)

来:我相信只要我发挥得好,就可以提高五六十分,就可以上一本线。(不正面回答问题)

咨:对啊,你也说只要你发挥得好。但是,你对你的成绩能超出五六十分的把握有多大?如果满分是10分,你打多少分?(再次在来访者的面前呈现评分问题)

来:(抬头很无辜地看着咨询师,很不情愿地回答)0分,唉,最多是1分吧!

咨:那么,你知道我们省去年理科二本线的分数是多少?

来:490多分吧。

咨:现在你为自己打分,满分是10分,你对自己上二本线的把握是几分?

来:8分。

咨:你认为有8分把握的任务容易完成一些,还是有0分或者最多是1分把握的任务容易完成?(让来访者自己选择)

来:(表情有些许失落也有些许豁然)当然是8分的啦。

上述案例中的高三学生一直不愿意降低自己的目标,就是因为他觉得目标越高越能激发他的学习动机,他没有想到因为目标过高情绪反而会更焦虑。我们只能通过一而再、再而三的评分问题,帮他澄清目标,面对现实。

3. 奇迹问题

奇迹问题似乎有超越困扰的效果,而且想象解决策略时的身体经验,包括表达方式与姿势,都能清楚地显示来访者的改变。有的来访者在说到奇迹问题时紧锁的眉头会在一瞬间舒展,并有笑容挂上脸庞。应用如下:

咨:我现在要问你一个奇怪的问题,(停顿)你必须发挥一下想象力。这个奇怪的问题就是——我们今天谈完话之后,你回家做一些例行要做的事,比如喝水、吃零食、做作业,然后上床睡觉。睡觉的时候,奇迹发生了!(打响指)这个奇迹就是,你考试的时候一点都不紧张了。但是,因为奇迹发生在夜晚睡觉的时候,所以你一点也不知道。第二天早上醒来,发现某些事情不一样,这时你不免怀疑,昨天晚上是不

是发生了奇迹？所有问题都不见了！如果这种事真的发生在你身上，你会说奇迹解决了你的什么问题呢？

来：我会觉得很开心，我走在校园里，可以闻到校园到处都飘着栀子花的香气，我会觉得老师是那样的亲切，每一个眼神都让我觉得自己充满着力量。我会在考试的时候得心应手，每一道我都会解答得很顺利，我不会像以前那样斟酌计较问题的对和错，我会按自己的方式做好，然后继续做下面的题，也不会担心时间少了，更不会去看钟或者手表，我知道自己完全可以做完，也完全可以考得比较好。

奇迹问题让这名学生克服了焦虑的障碍，他开始感受自然的气息，热爱自己的学校，进而热爱自己的老师，感受到自己是一个很有能力的人。这些刺激让他开始塑造自己美好的生活，改变自己无力的现状。

4. 应对问题

来访者所面临的情境，有些可能是难以解决或非常困难的事，"应对问题"就是用来诱导来访者的反应的。"应对问题"对解决学生的焦虑问题很有帮助，咨询师可以向学生指出，他们并没有让事情变得更糟糕，学生在得到相应鼓励之后，精神也会有所好转。"应对问题"使得学生对自己逐渐抱有希望，便随之开始整合生活经验与学习经验，促使能量调动起来，发挥潜在的才能，避免陷入被动的局面。应用如下：

咨：哦，真的很不错！告诉我，你为何现在可以将目标降低到自己高考只要上二本线就行呢？

来：因为我明白了降低目标可以增强我的自信，我对自己做的那些题目更有把握，然后我觉得自己还是很不错的，可以将很多该做对的题都做出来，基本上没有很大的错误，准确率也提高了。（开始觉得自己有能力了，自我效能感得到提高）

咨：很不错，想不到你这么快就找到了问题应对的方法，而且用起来好像很不错，对吗？

来：是啊，我现在觉得自己的解题能力倒是比原来提高了很多，也相信自己还能解决原来那些模棱两可的问题。

SFBT作为后现代心理治疗的一种，认为每个人都是解决自己本身问题的专家。学生更是如此，他们对事物的洞察和对经验的判断都表明他们自己有能力也愿意尝试从错误中学习，并提高应对问题的能力。他们在生活中也有正向成功经验，他们比成年人更具有隐喻及创造力，更适合运用假设性架构。SFBT与学生共同合作，建立具体可操作的正向目标，让学生为自己提供创造奇迹的动力，重新找到自己良好的行为模式，使自己的焦虑情绪降低到一个合适的水平，为自己的生命创造更适宜的价值。

[来源：王菊红. SFBT咨询技巧在考试焦虑案例中的运用 [J]. 中小学心理健康教育，2009（22）. 有改动]

（二）隐喻鼓励

1．内涵

隐喻鼓励是指对来访者所说的内容做选择性的重复，或以某些词语来鼓励对方进一步说下去，或者强调对方所讲的某部分内容。

例子

来访者：我和张三昨天晚上到北京路买书。
咨询师：（想更多了解时间）昨天晚上？
（想更多了解地点）北京路？
（想更多了解事情）买书？

2．作用

（1）推动谈话进行下去。
（2）引导谈话的内容和方向。
（3）让来访者感到被人理解。

（三）情感反映

1．内涵

情感反映是指咨询师用语言的形式将来访者的情绪表现出来。

2．作用

在心理辅导中，运用情感反映技术与来访者谈他的情绪感受，能让来访者感到被关怀、被理解，有利于进一步加深咨询关系。

引起来访者烦恼的最主要原因是情绪体验泛化，即对自己的情绪没有时间、空间的概念，把当时对某人、某事的情绪转移到别的地方，进而影响了生活。通过情感反映技术，咨询师能帮助来访者将情绪体验分化，如"张三昨天令你生气了，你现在还生张三的气吗？"

3．要领

（1）多运用人称代词"你"。
（2）多运用感受性的动词，如"你感到""你觉得"等。
（3）多运用情绪性的词语或能引起情绪的人和事，如"恐惧""高兴""愤怒"或"你感到讨厌""想起这件事你就感到心烦"。

(4) 用来访者的反馈来检查和判断情感反映是否正确。如"现在你想起这件事，既觉得生气又觉得失落，对吗？"

例 子

来访者：在我写作业的时候，我妈一会儿进来给我送水果，一会儿进来站在我旁边，我跟她说了别这样做，她都不听，我觉得很烦。

咨询师：当你妈妈这样做的时候，你觉得受到打扰却又没办法改变，很无奈，同时又觉得没受到尊重，有点生气，对吗？

来访者：是的。

（四）具体化

1. 内涵

咨询师在聆听来访者叙述时，如果发现来访者陈述的内容有含糊不清的地方，可以通过"何人、何时、何地、有何感觉、有何想法、发生了什么、如何发生"等问题，协助来访者更清楚、更具体地描述其问题。

例 子

来访者：我觉得自己很不受人欢迎，我想我就是一个焦虑不安的人。

咨询师：最近发生了什么事让你觉得自己不受人欢迎吗？

来访者：嗯，让我想想。昨天晚上有个同学聚会。每个人好像都非常尽兴，而我感到被丢在一边了。我肯定谁也不想和我谈话。

2. 适用情景

（1）来访者的表达含糊不清，如"我很自卑""我烦死了"等。此时，咨询师应设法将来访者模糊的情绪、思想清晰化。

（2）来访者的表达过分概括化，也就是说来访者用以偏概全的思维方式，把对个别事件的意见上升为一般性的结论，或把对某一事件的看法发展成对某人的看法，或把过去延长到现在和未来，等等。例如，"所有人都不喜欢我"就属于过分概括化。

（3）来访者对概念认识不清，用一个概念来描述自己的状态，最常见的就是没有真正了解某些"疾病"，乱给自己贴标签，如"我有强迫症"。

（五）自我开放

1. 内涵

自我开放是指咨询师主动地向来访者表述曾经与其相近、相似或相同的经历、行为、情感等。

例子

来访者：我对考试的紧张程度是你难以置信的！我忘记我学过的一切，然后，当我看到试卷，我的大脑就一片空白。

咨询师：是啊，有时我考试时也有这种感觉。

来访者：我不知道为什么我总是这样怀疑自己。我总是把自己和其他人相比，而且我常常发现自己不如人。我不知道我究竟是否能感到完全的自信。

咨询师：你对自己太苛刻了，几乎每个人都会有自我怀疑的时刻。实际上，我还不认识哪个人具有完全的自信呢。

2. 作用

自我开放是心理咨询的一种特色技巧，可促使来访者自我开放和自我剖析，让其对事件有进一步的理解，由此也可让来访者不再认为他的事是他独有的。

（六）释义

1. 内涵

释义，是指咨询师把来访者的主要言谈、思想加以综合整理，再反馈给来访者，实际上是将来访者的信息与情境、事件、人物和想法等内容进行重新编排。

例子

来访者：我父亲总是觉得我达不到他的要求，我觉得很无能，很伤心。

咨询师：我的理解是，最令你伤心的是当他对你说你毫无用处、毫无价值时，那恰恰是你一向对自己的感觉。你的意思是这样吗？

来访者：是的。

2. 注意事项

在运用这一技巧时，应使用来访者口述时所用的原字原句，最好选用来访者用过的最具有代表性、最敏感、最重要的词语。释义的本质特征是不加入价值观，站在来访者的立场看来访者的问题，从来访者的角度对问题进行解释。

（七）摘论

1. 内涵

摘论，又称概述，是指咨询师把来访者的口头叙述、行为以及情感整理后，以提纲的方式向来访者表达出来。这与释义有相似之处，但释义是随时对某句话进行解释，而摘论是阶段性的，是对一个阶段的谈话进行总结和反馈。

例子

咨询师：从开始到现在，你说了许多，因此我想我应该确认一下我是否理解了你的主要担忧。你谈了你与父母之间的冲突，他们忽略你时你感到愤怒，住在寄养的家中，对你来说既是解脱同时也是很大的挑战。是这样吗？

来访者：是的，我想基本上都包括了。

2. 作用

摘论的目的是通过将来访者信息中的若干元素联系在一起，识别出来访者话语中明显的主题或模式。另外，摘论还能够打断来访者的喋喋不休，在必要的时候调整咨询的节奏。

3. 注意事项

在使用摘论技巧时，要注意以下几点：

（1）留心来访者谈话时的各种主题和情绪性表现。

（2）把来访者关键性的观念、情感的基本意思加以综合，用概括性的语句表述出来。

（3）不要增添新的内容。

（八）面质

1. 内涵

面质，又称挑战，是指咨询师对来访者的认知方式和思维方法提出挑战与异议的过程，目的在于推动来访者重新审视自己遭遇的困难与挫折，克服其认知方式中的某些片面性与主观性，以进一步认识自我。面质技术的运用已成为心理辅导的核心部分，它促使来访者发现自身言行中自我偏向、自我夸张与自我挫败的倾向。面质的艺术在于让来访者超越咨询师的提问，自发地认识到其认知方式和思维方法中的偏差，产生恍然大悟的感觉。

 例子

（该来访者有酗酒的习惯）

来访者：医生，这不是个问题，我想喝的时候会喝，但是这并不太影响我生活的其他方面。我喜欢聚会，我喜欢在周末喝点酒，谁不是这样呢？

咨询师：（直视来访者的双眼）在去年你已经接到了两次酒后驾车的罚单，两次因此失去工作。在我看来，饮酒给你带来了很大问题。如果你还不开始承认这一点并且为此做出努力，你将会继续有触犯法律的风险。

2. 注意事项

面质的意义不在于否定对方、贬低对方、教训对方，而在于启发对方、激励对方，使对方学会辩证地看待当前所面临的问题，看到问题下隐藏的正面能量。因此，面质要以尊重为前提，以同理为基础，力求问而不审，质而不压，以推动来访者的自我审视与自我悦纳。

（九）解释

1. 内涵

解释是指咨询师依据某一理论架构或个人经验，对来访者的问题和困扰做出合理化的说明，从而使得来访者能够从一个新的角度来看自己的问题。解释与上文提到的释义是两种不同的技术，释义是咨询师立足于来访者的角度，准确地表达来访者的原意；解释则是咨询师站在自己的角度，向来访者阐明某些技术原理。解释一般有两种来源，一种是各种不同的心理咨询与治疗理论，另一种则是咨询师个人的经验、实践与观察所得。

2. 注意事项

（1）解释必须在充分了解来访者问题的基础上进行。

（2）解释要深入浅出、简明扼要，避免冗长和过多的专业术语，要适合来访者的理解能力。

（3）解释要有真实性和合理性。

（4）解释时应尽量采取试探性的保留态度，以便来访者有思考、接受或拒绝的余地。

（十）指导

指导是指咨询师直接指示来访者做某件事、说某些话或以某种方式行动，实际上就是咨询师给予的改变建议或训练指导语。指导一般分为两类，即一般性指导和作为某一疗法的实用性指导。

例子

来访者：我觉得考试之前非常紧张，紧张到手直冒冷汗，我应该怎么做呢？

咨询师：你可以尝试深呼吸，有节奏地深呼吸，同时给自己积极的暗示，告诉自己，我能行，我已经准备好了。我们可以练习一下，等下次考试的时候你也尝试做做。

第七章

心育活动课设计

第一节 团体动力学视野下的心育活动课设计

一、心育活动课概述

（一）心育课程

钟志农认为，"心育课程"可以看作是学校心理健康教育取向的课程设计。这样的课程以全体学生为教育、指导、辅导的对象，以同一年龄段个体成长中的共同需要与心理困惑为课程设计重点，以促进学生智力发展和社会化发展、预防学生在成长过程中出现适应不良问题为课程目标，以大团体辅导形式为其运作载体。这样一种有计划、有目的地推动同年龄段全体学生个性心理品质积极发展，以预防心理不适应或发展性障碍为使命，以团体辅导的特殊规律和特殊技巧为操作规范的"心育课程"的功能，是其他形式的心理健康教育载体所无法承载的。

（二）心育活动课

"心育活动课"，过去我们习惯把它称作"心理健康教育活动课""心理辅导活动课"或者"班级团体辅导"。它以"心育课程"的外在形式被纳入学校总体教育教学计划，而它的本质含义其实就是大团体辅导。

在中国，由于专职心理教师的人数不足，在相当长的一段时间里，发展性的心育活动课是要靠广大班主任的参与来实施的，其可行性路径就是在每学期的班会课总量中，拿出部分时间开设心育活动课。在华附，由专职心理教师教授的发展指导课/心育活动课在起点年级（初一和高一）开设，而在班主任的班会计划中均有留出时间开设心育活动课。朋辈心理辅导员的职责之一就是协助班主任策划与组织实施心育活动课。

心育活动课本质上是一种大团体辅导，说到"大团体辅导"或"团体辅导"，首先要将它与"团体咨询""团体治疗"这两个概念加以区分。

刘伟（2010）认为，"团体辅导、团体咨询与团体治疗之间其实是一个连续体，彼此之间有一些重叠"，"三者之间也存在一些差异，这些差异并不是团体干预实施过程上的差异，而是实施的力度以及工作对象、工作层次和实现目标的不同"（见表3）。

表3　团体辅导、团体咨询与团体治疗的区别

概念	团体辅导	团体咨询	团体治疗
对象	正常人	有轻度心理问题的人	有严重心理问题或心理障碍的人
目标	增长知识、传递信息、改变观念	促进自我认识、宣泄不良情绪、改变不良心理和行为	人格重建、人格改变和行为矫正
功能	预防性、发展性	补救性、发展性	矫正性
指导者	教师或心理咨询师	心理咨询师	心理治疗师
心理层面	认知活动	认识、情绪、意志和行为	意识及潜意识层面：认识、情绪、意志和行为
方法	一般教学活动技术：传授知识、提供信息	小组分享、自我探索、自我觉察、自我完善	治疗技术：分析、解释行为
规模	以班级为单位	8~10人	8~10人

清华大学樊富珉教授是我国少有的对本土国情、学情非常了解的心理学家之一，她再三告诉我们，团体辅导主要强调的是在认知或知识层面的功能，主张用间接的方法来改变人的思想或行为。团体辅导的主要目标在资料的提供或知识的获得，以作为个人拟订计划或做决定的参考，其功能是属于预防性和发展性的。在学校心理健康教育中，团体辅导主要是用来预防问题的发生，其内容主要包括心理健康知识与方法的教育和学生个人发展与职业选择等。学校团体辅导多以班级为单位，由辅导教师或班主任实施，辅导学生数一般为30~40人。辅导的重点放在要探讨的主题上，而主题一般是学生共同关心或共同要面对的。使用的技术通常有讲解、讨论、电影、学生报告、专题演讲和座谈等，与一般教学技术相似。樊教授对"学校团体辅导"的上述界定，是对心育活动课属性的一个相当清晰的概括。

二、团体动力学概述

心育活动课的两个要素是体验和分享。游戏是人类的天性，课上让学生乐意参与活动体验并不难做到，但教师常常会碰到这样的困境：游戏活动体验完之后，分享环节陷入了沉默的尴尬。学生愿不愿意分享以及如何分享，这就涉及团体动力的问题。团体动力是用来描述和探讨团体内或团体和团体之间的各种行为现象，包括团体的形

成、结构、关系、成员互动、运作、沟通、目标达成、领导、决策、合作和冲突、绩效、权力等。蔡中元提出，团体动力的规律主要表现在"团体规范""团体氛围""团体凝聚力"和"团体动力的启动与催化"四个方面。

（一）认知上——团体规范

一个清晰的团体规范是心育活动课顺利开展的前提，它的作用是给一节课提供一个相对安全的氛围，避免课堂陷入无序的状态。通常，学生要遵守的心育活动课的课堂规范有尊重、倾听、真诚、思考等。但实际上，学生往往难以遵守心育活动课的相应规范。这可能是因为课堂规范的要求过于抽象、不够具体，也有可能是因为缺少针对遵守课堂规范的练习。教师可以尝试对课堂规范做更具体的解释，例如尊重就是当别的同学发言时，除了保持安静，还要有目光的注视并专心倾听。在学生有违反课堂规则的苗头时，教师应及时地提醒，必要时甚至可以发出严肃的警告。关于心育活动课堂规范的建立，心理教师应放下平等亲切的专业束缚，更严格一些。蔡中元认为，如果难以建立课堂规范，则宁愿把课堂变成单调知识传授的传统课堂，也不要让它陷入混乱无序的状态，因为在无序的状态之下，团体动力无法自由地流淌，更多的是在混乱中相互碰撞内耗，相互伤害，直至动力消失殆尽。

（二）情感上——团体氛围

团体规范更多的是强调理性认知的一面，而团体氛围则强调团体成员的情绪情感状态。心理教师应在团体中营造一种温暖、安全、开放的氛围，这样富有情绪情感的课堂氛围是促使学生做出改变的强大动力，也会让一堂心育活动课更具有"心理味"。团体的规范可以通过认知的渠道直接告知学生，但团体氛围却不行。

科特（Kotter）和科恩（Cohen）观察了许多成功变革的案例，他们发现，改变发生的顺序通常不是分析—思考—改变，而是看见—感觉—改变。打开学生的感官通道常常是烘托团体氛围的好办法。首先是听觉。教师需要在课堂上用充满热情、活力和亲和力的声音来感染学生。另外，视觉同样可以给学生带来巨大的冲击，以此烘托团体氛围，使学生更加投入到课堂的活动中来，其中图片、视频就是很好的途径。

（三）综合力量——团体凝聚力

团体凝聚力泛指团体中所有力量的综合，更简单地说，是一个团体对其成员的吸引力，更具体一点，指的是团体成员的归属感、参与度及成员之间的亲密度。

团体凝聚力是取得良好课堂效果的重要因素。一个团体有了凝聚力，它的成员就能更加开放，更加大胆地表露自己的经历和尝试冒险，而通过深入的分享，团体会更加亲密。同时，分享也能让每个人在其他人身上看到自己的影子，"正常化"了自己的痛苦。

正如柯瑞（Corey，2006）所说："在某种意义上，所有成功的团体都是有凝聚力的。"

如果课堂上出现学生不分享的现象，原因并非是学生不会分享，而是不敢分享。由于暴露在团体当中会给自己带来不可预期的风险，特别是在一些班级的课堂上，班级调侃现象时有发生，学生真实表达自我的意愿便会较弱。

构建团体凝聚力的方式很多，比如，通过相互认识名字、了解兴趣和适当的肢体接触（如握手、搭肩）来增加成员之间的亲密度；划分小组并给予任务，通过一起完成某个任务来增强团体成员的归属感等。

班级的凝聚力在心育活动课之外的时间仍然在不断地变化着，尽管教师极力构建凝聚力强的班级团体，班级团体仍可能不按预期的方向发展。同样一个教学设计，由于不同班级的凝聚力各不相同，每个班级的分享深度也就有差异。心育活动课主要是在认知层面通过间接的方式开展工作，其实是降低了分享的要求，这是对以班级为单位的特殊团体辅导的恰当定位。因此，对于学生不愿意分享的问题，教师应做到心中有数，用更偏认知和间接的方式来促使学生进行分享。

（四）人际互动——团体动力的启动和催化

雅各布斯等（Jacobs et al，2009）对团体动力有一个通俗的解释："就是谁对谁讲话以及每个成员发言的频率。"这就告诉我们，衡量一个团体的动力强不强，主要标准并不是看这个团体活动多不多，场面热闹不热闹，而是看团体成员各自观点、情感体验的碰撞和交流的频率高不高。比如，常见的暖身活动"抓乌龟"可以带来较强的团体动力，一方面是因为肢体上的接触增进了学生彼此之间的亲密感，另一方面是因为逃和抓的人际互动带来了团体动力的初步启动。而效果差的暖身活动常常只有部分学生参与，缺乏人际互动。

通过人际互动让学生的观点发生碰撞也是催化团体动力的较好途径。比如，让学生讨论"当有人向小强告白的时候，你觉得他应该怎么做？"这个问题时，要想有更多的人际互动，可以先让各个小组分别内部讨论，再让代表发言，待某些小组发言完毕之后，可以引导其他小组思考"你们赞同他们的观点吗？"或者可以将全班分为三组，分别站在"接受对方的表白""明确地拒绝"和"保持暧昧的态度"三个角度展开辩论，这样课堂就有了更多的人际互动，带来更强的团体动力。

值得注意的是，并非所有的人际互动都可以带来正向的团体动力。以下几种课堂上的人际互动方式是需要警惕的。

（1）学生在分享的时候只对教师讲话，而不是面向整个班级。

（2）部分学生集体对抗一个学生。

（3）成员彼此之间倾向于贬低别人的看法。

（4）教师在每个成员说话之后都立刻给予回应，形成这样的模式：甲学生说话—教师说话—乙学生说话—教师说话—丙学生说话—教师说话……

三、心育活动课的阶段

钟志农在《探寻学生心灵成长"路线图"——中小学心育活动课程开发指南》一书中,提出了心育活动课的结构化活动过程。

(一)起——初始(热身)阶段

(1)目标:协助成员相互认识,了解团体的目的和结构,察觉自我的感觉和行为。

(2)活动设计:适当运用团体活动予以催化,并增加成员互动机会,协助其自我开放。

不管是称作"初始阶段""暖身阶段"还是"开始阶段""热身阶段","起"的作用非常重要。确保开端是有效的,且不会拖长到令成员们厌烦,这点非常重要(雅各布斯等,2009)。

柯瑞认为,团体初始阶段的主要任务是"融合以及认同",建立一个安全和接纳的环境。如果在心育活动课上"起"的阶段是有效的,学生就能够从心灵上相互靠拢、互动,被团体所吸引,这样一个相互信任的氛围和这些基础性的工作是团体发展下去的前提条件。如果班级的凝聚力已经比较强,在心育活动课的初始阶段可以把精力集中在通过热身活动来启动团体动力(即"破冰")上,而且3~5分钟内就可以基本完成。如果在"起"的阶段耗费过多的时间,则很可能带来团体结构上的失衡,甚至导致相反的效果。

(二)承——转换阶段

(1)目标:协助成员分享感受和经验,并觉察自己与他人的感觉和行为,进而激发团体动力。

(2)活动设计:设计能引发成员做表层次分享的活动,并让成员发展亲密互助关系,凝聚团体向心力。

团体转换阶段的作用在于防止因团体过快地推进而导致团体成员产生不适感,因为此时他们还未准备好在高度开放的水平上分享自己的感受。在团体深入发展之前,必定会经历一个具有一定挑战性的过渡阶段。在这个阶段,成员要面对各自的焦虑、自我防卫、冲突以及矛盾心理,未能做到彼此信任。为此,指导者应该帮助成员面对和解决自身的问题,为成员创造一个有利于初步探索的情境,提出一个共同关注的话题,既提供必要的心理安全感和心理支持,又予以适度的挑战,引导成员逐渐进入这节心育活动课的主题。在心育活动课的时间安排上,这个阶段一般用时10分钟左右。

（三）转——工作阶段

（1）目标：协助成员检视自我的困惑、焦虑，察觉有效的社会行为，学习解决问题，激发自我的成长动力。

（2）活动设计：配合团体主题、性质、目标来设计活动，设计从小威胁性到大促发性的经验分享活动，并引发成员非表层次的回馈讨论。

团体工作阶段是团体成员关注团体目标的阶段。正是在这一阶段中，团体成员通过参与团体和分享体验而获益。团体的最大特点之一，就是构成团体的成员拥有多方面的资源，并且能在一个信任和安全的氛围中交流与分享。这一点在团体工作阶段表现得尤为明显。柯瑞认为，工作阶段是一个更深层次的互动，它依靠团体的凝聚力和创造性来解决问题。这个阶段以成员探讨重要问题，以及关注团体内部的动力为特色。

对每个团体成员来说，在工作阶段中，他们需要在一种相互支持和鼓励的气氛中来尝试进行更加深入的自我探索，积极地融入团体活动，同时保持自我的特色。另外，成员需要过滤他们收到的反馈，进而反思自己需要进行的行动改变（柯瑞，2006）。心育活动课的团体工作阶段是这节课的重头戏，一般需要设计 2~3 个活动层次加以推进。在时间安排上，这个阶段大约要占一节课的一半。

（四）合——结束阶段

（1）目标：协助成员订立成长计划，实践行动，激励成员。

（2）活动设计：对本次活动涉及内容的总结，统整成员的学习心得，将感觉、认知转化成具体行动计划并鼓励其实践，同时，迁移个人学习性行为于团体外的情境中运用。

柯瑞认为，团体初始（热身）阶段和结束阶段是团体咨询过程中最具决定性的两个阶段。他认为，在整个团体发展过程中，成员有必要思考他们从自己和他人身上学到了什么。当团体发展进入最后阶段，这种思考尤为重要。为了让团体发展得更好，成员应该对一些问题有些概念性的认识，那就是在这个团体中学到了什么，怎样学的，在结束后又该如何应用于实际生活中去。如果指导者未能把握好这个最后阶段，成员在活动结束后把所学用于实际生活的可能性就会大大降低。

教师要充分认识团体结束阶段在结构化团体中存在的必要性，防止草草收兵走过场。这个问题假若没有处理好，学生就会失去一个深刻体验、反思、探索的机会。

做人际冲突处理高手

(设计者：林佩珠)

【活动理念】

一、对人际冲突的理解

人与人交往的过程中，不可避免地会产生冲突。由于青少年特有的身心发展特点，人际冲突发生的频率很高。传统观点往往认为人际冲突是一种不良行为，应该试图予以制止和干预。而现代观点则认为冲突本身并非具有价值判断的意义，不同的冲突解决方式将会导致截然不同的后果。在解决冲突时，个体不仅学会了适当表达、体验、控制自己的情绪情感，而且通过识别、辨认对方的非言语信息，体验他人的情绪情感状态，进而促进自身社会情感和社会技能的发展。

鉴于上述考虑，本人认为与其制止冲突，不如帮助学生有效地利用冲突契机提高自己的社会交往技能。因此，本活动以冲突处理方式为切入点，帮助学生通过反思冲突，学会评价自己对他人造成的影响，提高对自己行为的内部控制，从而进一步促进学生社会技能的发展。

参考穆顿（Mouton）的冲突管理坐标网络和宣红萍（2005）的研究，根据关注自我和关注他人两个维度，将冲突处理的方式划分为4种类型：

（1）回避式——关注自我程度低、关注他人程度低。

（2）顺从式——关注自我程度低、关注他人程度高。

（3）强制式——关注自我程度高、关注他人程度低。

（4）共赢式——关注自我程度高、关注他人程度高。

本人认为，每种方式都有其适用的情形，但"共赢式"的冲突处理方式最具建设性，最能将人际关系的冲突危机转变成共同成长的机会，学习起来也最具挑战性。

二、教学策略

本活动课采取"互动体验式"教学策略。创设冲突情景，使学生在活动中体验冲突情感，反思冲突处理方式及其影响。给予学生充分的时间与同学和教师交流互动，在交流和分享中，教师适时发挥引导的作用，使学生在互动中深化思考，内化相关知识，然后通过反思、总结，将课堂所学迁移应用到实际生活中。即通过活动—交流—反思—行动的模式，达到让学生在亲历和体验过程中理解知识、生成情感、健全人格、发展能力的教学目的。

在学习心理上，初一学生的抽象思维能力开始增强，但仍以形象思维占主导。为了便于学生形象地理解4种冲突处理方式，本人尝试用4种动物来代表这4种方式。乌龟代表回避式，玩具熊代表顺从式，鲨鱼代表强制式，猫头鹰代表共赢式。

【活动目标】

1. 了解与理解

（1）了解处理冲突的4种典型方式。

（2）理解不同的人际冲突处理方式会带来不同的结果。

2. 尝试与学会

（1）初步掌握"共赢式"冲突处理方式的行为特点。

（2）尝试在日常生活中运用"共赢式"的方式处理冲突。

3. 体验与感悟

（1）反思自己在处理冲突过程中所使用的方式。

（2）感悟自己所使用的冲突处理方式给自己的人际关系带来的影响。

【活动重点】

（1）帮助学生反思自己在处理冲突时所使用的方式及其所带来的影响。

（2）帮助学生掌握"共赢式"冲突处理方式的行为特点。

【活动难点】

（1）通过活动设置引发学生的人际冲突体验，从而反思自己的冲突处理方式。

（2）激发学生学习"共赢式"冲突处理方式的意愿。

【活动对象】初一年级学生。

【活动时间】40分钟。

【活动准备】

（1）学案："做人际冲突处理高手学习任务单"和"做人际冲突处理高手反思行动表"。

（2）课堂布置：

①桌椅呈小组摆放，6人一组，共8组。

②在黑板上画好"冲突管理坐标"和"猫头鹰人偶图"。

（3）道具：PPT；彩色卡纸8张，油性笔8支。

【活动过程】

一、团体热身阶段

活动：猜一猜。

（1）设计意图：活跃气氛，引入主题。

（2）所需时间：3分钟。

（3）活动步骤：

①教师展示一些冲突场景的图片，让学生根据这些图片猜一猜本节课的主题。

②教师过渡：人和人交往的过程中不可避免会产生冲突，如何处理冲突是每个人都需要学习的。那么，如何来处理冲突呢？这个问题和4种动物有关系，乌龟、玩具熊、鲨鱼、猫头鹰。（教师边说边展示4种动物的图片）有什么关系呢？老师先卖个

关子,我们一起来参与一些活动。

二、团体转换和工作阶段

1. 活动一:我们这一组

(1) 设计意图:借由活动体验促使学生思考自己的冲突处理方式及其所带来的影响。

(2) 所需时间:20分钟。

(3) 活动步骤:

①教师介绍活动规则:每个小组从上述4种动物中挑选一种代表自己组,然后为自己组想一个口号和创作一个动作并集体表演,讨论限时5分钟。(该活动看似在做团队建设,但实际上是创设情景让学生在完成任务的过程中产生冲突,以此体验冲突,为下面的反思冲突处理方式做铺垫)

②教师提问:

a. 在这个活动的过程中,有出现你和队友意见不一致的情况吗?

b. 当你和队友意见不一致的时候,你是怎么想的,怎么做的?

③学生先在"做人际冲突处理高手学习任务单"中填写,然后教师邀请学生发言。教师根据学生的发言在黑板上的"冲突管理坐标"中填写要点。

④教师展示PPT,结合学生在活动中的实际表现和发言,讲解4种人际冲突处理方式。

⑤教师提问:当你使用这种相处技巧时,你觉得你赢取了什么,但又失去了什么?

⑥邀请学生发言并将要点记录在黑板上。

⑦教师展示PPT,针对学生的发言做补充和反馈。

⑧教师小结:

a. 冲突虽然不可避免,但处理方式不同,所带来的结果不同。

b. 各种冲突处理方式有其适用情况。

c. 猫头鹰式的人际冲突处理方式最具建设性,最能将人际关系的冲突危机转变成共同成长的机会。

2. 活动二:剖析猫头鹰

(1) 设计意图:帮助学生初步掌握"共赢式"冲突处理方式的行为特点。

(2) 所需时间:15分钟。

(3) 活动步骤:

①教师引导学生思考:咱们班哪些同学在处理人际冲突时最像猫头鹰?这些猫头鹰式的同学在与人相处的过程中有什么行为特点?请小组讨论,然后在"猫头鹰人偶图"上标注这些行为特点,包括言语表达和非言语表达。

②学生小组讨论,在卡纸上完成"猫头鹰人偶图"。

③教师巡查,留意哪些组的作品具有代表性和启发性。邀请小组代表给全班分享。

④教师在黑板上的"猫头鹰人偶图"上记录学生发言的要点。
⑤教师根据学生的发言做补充，展示"猫头鹰人偶图"。

三、团体结束阶段

（1）设计意图：结束课程内容，促使学生课后进行反思和行动。
（2）所需时间：2分钟。
（3）活动步骤：

教师发"做人际冲突处理高手反思行动表"，带领学生回顾本节课的收获，鼓励学生在课后进一步反思自己的人际冲突处理方式，并尝试运用"共赢式"冲突处理方式解决人际冲突，在下一节课分享行动中的发现和疑惑，以进一步落实"共赢式"冲突处理方式的行动要领。

第二节　心育活动课设计的基本要素

一、选题和内容拟定

（一）规范化

教育部颁发的《中小学心理健康教育指导纲要（2012年修订）》（以下简称《纲要》）明确界定了中小学心理健康教育的各项要务。

心理健康教育的主要内容包括：普及心理健康知识，树立心理健康意识，了解心理调节方法，认识心理异常现象，掌握心理保健常识和技能。其重点是认识自我、学会学习、人际交往、情绪调适、升学择业以及生活和社会适应等方面的内容。

《纲要》中初中、高中年级的心育内容

初中年级主要包括：帮助学生加强自我认识，客观地评价自己，认识青春期的生理特征和心理特征；适应中学阶段的学习环境和学习要求，培养正确的学习观念，发展学习能力，改善学习方法，提高学习效率；积极与老师及父母进行沟通，把握与异性交往的尺度，建立良好的人际关系；鼓励学生进行积极的情绪体验与表达，并对自己的情绪进行有效管理，正确处理厌学心理，抑制冲动行为；把握升学选择的方向，培养职业规划意识，树立早期职业发展目标；逐步适应生活和社会的各种变化，着重

培养应对失败和挫折的能力。

高中年级主要包括：帮助学生确立正确的自我意识，树立人生理想和信念，形成正确的世界观、人生观和价值观；培养创新精神和创新能力，掌握学习策略，开发学习潜能，提高学习效率，积极应对考试压力，克服考试焦虑；正确认识自己的人际关系状况，培养人际沟通能力，促进人际的积极情感反应和体验，正确对待和异性同伴的交往，知道友谊和爱情的界限；帮助学生进一步提高承受失败和应对挫折的能力，形成良好的意志品质；在充分了解自己的兴趣、能力、性格、特长和社会需要的基础上，确立自己的职业志向，培养职业道德意识，进行升学就业的选择和准备，培养担当意识和社会责任感。

（二）前沿性

心育活动课的选题和内容设定要参照前沿的理论研究。例如，积极心理学是心理学领域的一场革命，是一门从积极角度研究心理学的新兴学科，它倡导关注个体的积极心理品质，主张以积极的视角看待自身、他人乃至社会。将积极心理学的内容融入心理健康教育是大势所趋。因此，我们在设计心育活动课时，要有意识地把积极情绪、积极人格特质的培养等理念渗透其中。初中阶段可侧重积极情绪的训练，高中阶段可侧重积极人格特质的塑造。

（三）时代性

心育活动课的选题和内容设定要符合时代的特征，体现当前国家培养人才的需要，体现当今学生的特点和需求。例如，将对学生核心素养的培养融入心育活动课中。这是因为提升学生核心素养是落实立德树人根本任务的一项重要举措，也是适应世界教育改革发展趋势、提升我国教育国际竞争力的迫切需要。

二、素材选择和情景创设

（一）素材选择的"度"

素材的选择是教学设计中必不可少的环节。在此，有两点需要着重考虑。

（1）学生的需要是什么？同一个话题，我们可能会找到多种不同的素材，如何进行遴选？选择的标准之一来自我们对"学生需要"的基本预期与把握。

（2）该素材对于学生而言是否合适？素材合适与否，可考虑以下两个方面。其一，不同学段的学生特点如何？其接纳事物的广度和深度如何？其二，该素材会否涉及敏感、暴力或具有争议性的问题？如果涉及，请谨慎选择。

（二）"有价值（或有效）"情景的基本特点

如何衡量情景创设的价值？许思安等（2016）建议从以下几个角度予以斟酌。

1. 真实性

素材的选择、情景的设置，需要考虑素材与学生生活实际之间的距离。如果距离越近，那么情感的带出可能会越容易，学生进入情景并产生体验的过程会越迅速。

2. 典型性

素材的选择也要考虑代表性问题。值得关注的是，在积淀了代表性素材的前提下，如果能进一步思考如何使得这些素材在有限的时空下发挥更大的价值，那么也许更有助于提升情景的价值。

3. 情感性

情景创设的最终目的是引发合适的体验，因此，情景本身若能蕴含情感因素，将有利于体验的获得。

4. 学科性

在情景创设中，应突出心理学教学的特点以及知识驾驭的科学性。如采用实验组与对照组的设计思路、投射技术的应用、完形心理的体现等，均可作为情景设计中的参考思路。

5. 问题性

情景创设的目的之一是引发学生的思考，在教学环节中起到承上启下的作用。在问题设计方面，应注意以下几点。

（1）针对性。设问要目的明确，问在知识关键处，突出教学的重点，对一节课起到统领作用。

（2）新颖性。设问要新颖别致，贴近生活，具有趣味性，避免老生常谈、空洞抽象。

（3）广泛性。设问要面向全体，兼顾全局，提出的问题既不要过浅，也不能过深，这样才可以吸引所有的学生积极参加思维活动，促使每一个学生都能够用心回答问题。

（4）启发性。教学实践证明，只有设问处于学生的"最近发展区"，难易适度，循循善诱，步步深入，才能更好地启发他们的思维。

（5）开放性。每个个体的体验往往具有差异性、多元性，因此，建议体验式教学中尽量减少问题的限制条件，使其具有开放性、发散性，属于无结构型或半结构型问题，从而有利于培养思维的创造性。

第三节 常用的心育活动课设计

一、常用活动类型

（一）游戏

游戏是学生普遍喜欢的活动，有益的游戏能给他们快乐并使他们从中受到教育。游戏有多种分类，例如可分为竞赛性游戏和非竞赛性游戏。不同种类的游戏可起到不同的心理效果，如竞赛性的游戏可以培养学生的竞争意识和团结协作精神；非竞赛性的游戏可以减轻紧张感或焦虑感，获得轻松愉快的情绪体验。因此，在教学中，教师可根据教学的需要和可行性，策划并组织相关活动。

例子

游戏名称：合力吹气球。

游戏规则：参加人数为3人。一人出一只左手，一人出一只右手，一人出一张嘴巴，三个人共同努力在1分钟内吹出一只中等大小的气球并绑上。

（二）艺术表达

艺术表达包括绘画、唱歌等。

例子

让学生按下列要求画线，并分享自己为什么会这么画。

(1) 选择一种颜色，画一条"不愿起床"的线。

(2) 画一条"感觉很棒"的线。

(3) 画一条"感觉很差"的线。

(4) 画一条代表今天心情的线。

（三）辩论

就争论性的问题进行分组辩论，提出正反两方的不同意见、根据和理由。

> **例 子**

辩论 "先有鸡还是先有蛋"

（设计者：王梦圆、胡琬堃、林文杰）

正方：先有鸡再有蛋。

反方：先有蛋再有鸡。

抽签决定正反两队，每队24人。每队又随机分成4组，每组出一名辩手，共8名辩手。每队选出一名计时员。

给每个小组下发材料：辩论素材1张（1个观点）；观看"鸡蛋之争"视频，目的是启发学生的思维。

辩论规则：

（1）给出3分钟的准备时间。

（2）要求辩手结合素材中的内容及自己小组的观点进行辩论。

（3）每名辩手的最长辩论时间为1.5分钟。若队内4名辩手的辩论总时间不足6分钟，则可由该队其他学生进行补充。

（四）脑力激荡

脑力激荡是由美国著名创造学家奥斯本（Osborn）提出，它利用集体思考和讨论的方式使思想观念相互激荡，发生连锁反应，以引出更多的意见或想法。

该方法实施的原则如下：

（1）严禁批评。无论他人的想法多么荒谬，都禁止批评，对他人意见不做任何评价。

（2）随心所欲。鼓励自由想象，鼓励新奇想法，不要受任何限制。

（3）追求数量。想法越多越好，不要顾忌想法是否完美、可行。

（4）寻求改进。可以改进自己和他人的意见，也可以将不同的观点加以组合。

> **例 子**

假设你是可口可乐公司的业务员，现在公司派你去偏远地区销毁一卡车的过期面包（不会致命的，无损于身体健康）。在行进的途中，刚好遇到一群饥饿的难民堵住了去路，因为他们坚信你所坐的卡车里有能吃的东西。

这时报道难民动向的记者也刚好赶来。对于难民来说，他们肯定要解决饥饿问题；对于记者来说，他是要报道事实的；对于业务员来说，你是要销毁面包的。

现在要求你既要解决难民的饥饿问题，让他们吃这些过期的面包（不会致命的，无损于身体健康），以便销毁这些面包，又要不让记者报道你让难民吃过期面包。请问你将如何处理？

说明：

（1）面包不会致命。（2）不能贿赂记者。（3）不能损害公司形象。

（来源：https://wenku.baidu.com/view/d9b35c3b3968011ca300918e.html.）

（五）角色扮演

角色扮演，最开始指依据剧本，戏剧演员在舞台上扮演特定人物来演绎特定的故事。20世纪20年代，著名心理学家雅各布·莫雷诺（Jacob Levy Moreno）在心理治疗中运用了角色扮演，这是角色扮演第一次从舞台上搬到现实生活。在20世纪60年代，角色扮演被美国学者引入学校教育理论中。关于角色扮演的定义，不同的学者有不同的看法。较具代表性的有以下两种。蔡敏（2004）认为，角色扮演式教学是指"教师在教学中提供一个真实的、涉及价值争论的问题情境，组织学生对出现的矛盾进行分析，并且让他们扮演其中的人物角色，尝试用不同的方法解决问题，从而使学生逐步学会解决各种价值冲突，树立正确的价值观念，并且养成良好社会行为的教学过程"。杜爱玲等（2005）认为，角色扮演教学法是指"让学生通过不同角色的扮演，体验自身角色的内涵活动，又体验对方角色的心理，充分展现出现实社会中各种角色的'为'和'位'，从而达到培养学生社会能力和交际能力的目的"。

例子

指导语：你将与其他两个人共同合作，而且你们三个角色的行为是相互影响的。请快速阅读关于你所要扮演角色的描述，然后认真考虑你将怎样扮演那个角色。进入角色前，请不要和其他两个人讨论即席表演的事情。请运用想象使表演持续10分钟。

角色一：图书直销员

你是个大三的学生，你想多赚点钱自己养活自己，一直不让家里寄钱，这个月内你要尽可能多地卖出手头的图书，否则你将发生经济危机。你刚在党委办公室推销，办公室主任任凭你怎样介绍书的内容，他都不肯买。现在你恰好走进了人事科。

角色二：人事科主管

你是人事科的主管，刚才你已注意到一位年轻人似乎正在隔壁的党委办公室推销书，你现在正忙于拟订一个人事考核计划，需要参考有关资料。你想买一些参考资料，但又怕上当受骗。你知道党办主任会走过来劝阻你买书的，而你一直非常忌讳别人觉得你没有主见。

角色三：党办主任

你认为推销书的大学生不安心读书，想利用推销书的办法多赚到一点钱，以使自己的生活过得好一点。推销书的人总是想说服别人买他的书，而根本不考虑买书人的意愿与实际用途。因此你对大学生的推销行为感到恼火。你现在注意到这位大学生马上会利用你同事想买书的心理。你决定去人事科阻挠那个推销员，但你又意识到你的行为过于明显，会使人事科主管不高兴，认为你的好意是多余的，并产生他无能的感觉。

（来源：https://wenku.baidu.com/view/f8d40bcbf8c75fbfc77db2eb.html. 有改动）

（六）故事/案例

呈现一个故事或案例，让学生讨论故事或案例中的问题。在这里，问题的设置特别重要。

一、故事《心中的冰点》

一家铁路公司有一位调车人员尼克，他工作相当认真，做事也尽职尽责，不过他有一个缺点：对人生很悲观，常以否定的眼光去看世界。

有一天，铁路公司的职员都赶着去给老板过生日，大家都提早急急忙忙地走了。不巧的是，尼克不小心竟然被关在一辆冰柜车里。

尼克在冰柜车里拼命地敲打着、叫喊着，全公司的人都走了，根本没有人听得到。尼克的手掌敲得红肿，喉咙叫得沙哑，也没人理睬，最后只得颓然地坐在地上喘息。

他越想越可怕，心想，冰柜的温度在零下20℃以下，如果再不出去，一定会被冻死。他只好用发抖的手，找来笔和纸，写下了遗书。

第二天早上，公司的职员来上班。他们打开冰柜，赫然发现尼克倒在地上。他们将尼克送去急救，但尼克已没有生命迹象。但是大家都很惊讶，因为冰柜里的冷冻开关并没有启动，这巨大的冰柜里也有足够的氧气，而尼克竟然给"冻"死了！

二、提出的问题

☆用三个形容词来形容你听完这个故事的感受。

☆如果你是尼克最好的朋友，你会跟尼克说：在这个事件中，最遗憾的地方是什么？

☆如果故事可以重来，尼克可以做些什么改变故事的结局？

☆在生活中，你遇到过哪些情景是和尼克经历的相类似的？

☆如果这些情景再发生，你可以有哪些不同的处理方法？

二、引导分享——4F动态引导反思法

热闹的活动后，如何引导学生反思和分享是心育活动课非常重要的一环。

英国学者罗贵荣（Roger Greenaway）提出动态引导反思法，归纳出4个"F"的提问重点：Facts（事实）、Feeling（感受）、Finding（发现）、Future（未来）。作者以扑克牌的花色说明反思的内涵，并依照扑克牌的次序，发展出引导成员从经验中学习的模式。

（1）事实。方块代表的是经验最初的面貌，它有很多面，正如钻石的多面性，因此，我们可以用它来比喻"事实"，透过不同角度的观察，以描述事件和经验。提问方式如：刚才发生了什么事？你做了什么？我们如何解决这个问题？活动中印象最深刻的是哪件事？

（2）感受。以红心代表个人的感觉和情绪，表达内心所要分享的主观感受或直觉。提问方式如：你的感觉如何？刚才最令你紧张的过程是什么？大家当时是什么心情？如果你是主角，你的感受怎么样？

（3）发现。黑桃代表寻索内心的一把铲子，表示挖得更深入，在此提出的问题通常是要寻找原因、解释、判断或澄清信念。经过本阶段详尽的思考，能总结出经验对个人或群体所带来的意义。提问方式如：为何会出现这样的结果？你能描述一下自己刚才在活动中的角色吗？什么原因使你这样认为？你从中学习到什么？过去的生活中有无类似的经验？

（4）未来。多瓣的梅花代表多向度的前瞻思考，思考如何把经验转化和应用在未来的生活中，可能包括行动计划、学习计划、预测未来、思考可能性、描述有哪些选择、想象或是梦想。提问方式如：这件事情对你未来会有怎样的影响？你将来的期待是什么？如果再一次，你会希望怎样安排？怎样才能够将我们所学的应用在未来？

活动名称：价值观大拍卖

在某一节心育活动课中，朋辈心理辅导员以"拍卖会"的形式组织以下游戏活动。

游戏规则如下：每位同学手中有5 000元，购买东西付出的钱不能超过5 000元。每样商品底价500元，每次出价都以500元为单位，出价最高的人获得该商品。每次出价，会倒数3秒，3秒后没有更高价，则成交。在拍卖过程中，所有同学不能相互借换金钱，买回来的东西也不能转手卖（送）出去。每样商品展示出来后，听到老师"开始"的指令后，各位同学才能开始出价。

拍卖的"物品"包括：成绩、快乐、友情、亲情、美食、生命、聪明、外貌、财富等。

拍卖结束后，朋辈心理辅导员利用4F动态引导反思法进行以下提问。

事实	感受
你竞拍下来的是什么，是不是你最想要的？除了它（们），你本来还想买什么？	如果买到自己最想要的"物品"，你的心情如何？ 如果没有买到自己最想要的"物品"，你的心情如何？
发现	**未来**
为什么买它（们）？／为什么什么也没买？／为什么没有买到你所想要的？	可以做些什么离自己想要的东西更近一步？

第八章

心理调研与心理健康普测

第一节 问卷调查法

一、问卷的基本常识

（一）问卷调查法的适用情形

问卷是一连串有系统、有顺序且有目的的题目或题组的集合，它的目的在于收集调查者所需要的资料。

当要调查的是较大的样本，而且被调查者有一定的文化程度，要在较短时间收集到数据，那么问卷调查法就是首选的方法。

（二）问卷的基本结构

一份完整的问卷包括以下5部分：标题、前言、个人基本资料、具体的调查内容和结语。其中，前言和结语影响被调查者的态度和信息的真实有效性，个人基本资料和具体的调查内容关系到数据信息的完整性。

前言的撰写要说明调查者的身份、调查的大致内容、调查目的以及如何填写问卷，还应强调保密/保护隐私原则。

尊敬的先生/小姐：

我是复旦大学社会工作学系的学生，现在正受上海复惠社会工作事务中心的委托，进行有关社区青少年的调查研究。目的是通过分析社区青少年的资料，了解大家的需要，提出工作建议。

通过对本市社区青少年的随机抽样，您被抽中参加本调查。本调查采用不记名方式，您的资料与其他几百人的资料一样，绝不公开，仅供研究，敬请放心。

本问卷的回答方式，除极少数必须以简单的文字填写外，基本上采用单项选择的形式，只要在相应的答案编号上打"√"即可。请您独立作答，勿与其他人商量。

谢谢您的合作。

上海复惠社会工作事务中心
2018年5月

结语就是要表示感谢，以及关于不要漏填和复核的请求。也可以提出关于本次调查形式、内容与感受等方面的问题，以征询被调查者的意见。

例子

题目已完，谢谢您真实有效的回答，万分感谢！

题目已完，如果您对本次调查有什么意见，请写在下面，谢谢！

二、问卷的题型

问卷的常见题型有开放式问题、封闭式问题和混合式问题等（见表4）。

表4　问卷的常见题型

问题示例	问题类型	特　点
您认为手机对您的日常生活有什么影响？	开放式问题	答案不限定，被调查者自由作答
您的性别是 男□　　女□	封闭式问题	答案限定，被调查者在有限的选项中选择某一/某些选项
您经常用手机来 A. 打电话　B. 发短信　C. 听歌 D. 上网　　E. 玩游戏　F. 其他____	混合式问题	上述两者的融合

其中，封闭式问题的常见形式包括填答式、多项限选、多项单选、条件式、利克特量表（等级式）、限定排序、全部排序等（见表5）。

表5　封闭式问题的常见形式

问题示例	形　式	作答难易	获取的信息量	数据处理
您最主要用手机来（　　）	填答式	易	★★	▲▲▲
您用手机来听歌吗？ A. 是　B. 否	是否式	易	★	▲

续上表

问题示例	形　式	作答难易	获取的信息量	数据处理
您最主要用手机来 A. 打电话　B. 发短信　C. 听歌 D. 上网　　E. 玩游戏	多项单选	易	★★	▲▲
您经常用手机来（最多选择3项） A. 打电话　B. 发短信　C. 听歌 D. 上网　　E. 玩游戏	多项限选	易	★★	▲▲
您经常用手机来（请将答案编号填入下列括号内） 第一（　）　第二（　）　第三（　） A. 打电话　B. 发短信　C. 听歌 D. 上网　　E. 玩游戏　F. 看电子书 G. 设闹钟	限定排序	中	★★★	▲▲▲▲
您用手机来干什么？在下列答案中按照自己的情况将它们排上顺序。对你来说最主要的在括号内写上1，其次写上2，余者类推。 （　）打电话　（　）发短信　（　）听歌 （　）上网　　（　）玩游戏　（　）看电子书 （　）设闹钟	全部排序	难	★★★	▲▲▲▲▲
您用手机上网的时间如何？ A. 绝不　B. 偶尔　C. 有时 D. 较多　E. 经常	等级式	中	★★	▲▲
您在学校里使用手机吗？ A. 使用　　B. 不使用 如果使用，您最经常用它来干什么？ A. 打电话　B. 发短信　C. 听歌 D. 上网　　E. 玩游戏	条件式	易	★★	▲▲

注：★的数量越多代表获取的信息量越多；▲的数量越多代表数据处理的难度越大。

三、问卷调查的流程

（一）确定调查目的

问题的来源主要有三个方面：一是实践中遇到某些问题，需要通过研究来解决这些问题；二是阅读他人的研究成果或听课时发现的有待进一步研究的问题；三是研究者本人的研究兴趣。

确定问题的方向后，研究者要查阅相关文献，进一步聚焦具体的问题，明确调查目的。

（二）编制问卷

运用问卷调查法研究问题，最核心的环节就是编制问卷，问卷编得科学与否直接影响调查的质量。以下具体介绍问卷的编制流程。

1. 根据调研目的，确定调查内容

有两种方法可以用于确定调查内容，一是卡片法，二是框图法。

（1）卡片法，即将平时不同时点想起的与所调查对象有关的问题要点分别记下，在累积到一定数量之后，将各类要点分类，删除相同或相近的，然后根据逻辑结构对不同类别的要点进行排序，形成一个整体。最后，进行调整和补充。

（2）框图法，即首先确定达成研究目标所需要的几个板块（维度），然后逐层分解，确定每个维度下的因素，再确定每个因素下的衡量指标。

可见，卡片法是由小到大，框图法则反之。一般而言，资深人士往往选用框图法，由上而下地完成问卷题目的设计。可以两者结合，先构建大框架，再用卡片法得出各调查细目。

2. 根据所需信息，选择问题形式，设计题干与答案选项

用什么形式呈现问题关系到调查者是否能收集到所需信息，也关系到被调查者作答的意愿。一般来说，选择问题的形式时需考虑作答的难易程度、信息量和数据处理统计的难易程度。

在设计问题时，有以下注意事项（见表6）。

表6　设计问题时的注意事项

示　例	问题所在	修　改	要　点
你经常看恶搞作品和恶搞别人吗？	一问两答	你经常看恶搞作品吗？ 你经常恶搞别人吗？	避免用"或、和、及"等词

续上表

示 例	问题所在	修 改	要 点
你是差生吗?	敏感性 概念模糊	你本学期中段考各科平均分: A. 60 分以下 B. 60~70 分 C. 71~80 分 D. 81~90 分 E. 90 分以上	将敏感字眼转换成客观的表达方式,清楚界定
你在哪里上学?	词语有歧义	你在哪个城市上学?	定义清晰
大部分教师认为应该取缔恶搞现象,你同意吗?	问题带有倾向性	你认为应该怎样应对恶搞现象? A. 完全不加限制 B. 设以界限,加以疏导 C. 完全取缔 D. 不清楚	题干不出现某方观点,保持中立
你恶搞他人是因为:	不适当的假设	你曾经恶搞他人吗? A. 是 B. 否 如果是,原因是:	运用条件式问题
你第一次听说"恶搞"一词是通过: A. 网络 B. 身边的人提及 C. 报刊	答案选项没有穷尽	你第一次听说"恶搞"一词是通过: A. 网络 B. 身边的人提及 C. 报刊 D. 其他	答案选项设计: (1) 协调性:与问题密切相关。 (2) 穷尽性:答案包括了所有可能的情况。 (3) 互斥性:答案之间不能相互交叉重叠或相互包含。 (4) 善用"其他"

3. 修改措辞

问题的题干和选项设计出来后,编制者要多读几遍,看看措辞是否足够精准,如果表达不够清晰,则需做进一步的修改。

4. 确定问题的顺序

问题的排序设计要遵循六个规则:

(1) 把内容相关的问题放在一起,避免问卷显得紊乱。

（2）把简单的问题放在前面，把庞杂的问题放在后面。

（3）把引起被调查者兴致的问题放在前面，把引起他们紧张或顾虑的问题放在后面。

（4）把理解现状的问题放在前面，把需要被调查者回忆的问题放在后面。

（5）涉及个人基本情况的问题放在前面，其他问题放在后面。

（6）如果设计了开放题，一般放在问卷的最后面。

5. 问卷的预测和修改

正式使用问卷进行调查前，一般会先试用。试用一般有两种方法。

第一种是将问卷初稿打印若干份，然后采取非随机抽样的方法选取一个小样本，用这些问卷初稿对他们进行调查。最后认真检查和分析试调查的结果，从中发现问题和缺陷并进行修改。主要检查和分析的项目包括问卷的有效回收率和填写错误的地方。如果废卷过多，即有效回收率低，或大部分人都在同一个地方填写错误，则需要分析题目设计是否存在歧义、是否过于复杂或指引不明确，然后进行下一步的修改。

第二种是将设计好的问卷初稿打印若干份，分别送给该研究领域的专家、研究人员以及典型的被调查者，请他们阅读和分析问卷初稿，并根据他们的经验和认识对问卷进行评价，指出不妥之处。问卷设计者根据意见修改完善。

6. 定稿

问卷设计者根据试用的结果，对问卷进行修改后，确定问卷的最终版本。如果修改的内容很多，最好进行第二次试用，根据第二次试用的结果来确定是否可以定稿。这样能最大限度地保证问卷的科学性和有效性。

（三）正式施测

问卷定稿后就可以正式施测了，即发放问卷。发放问卷要注意以下事项：一是调查时间最好能控制在 30 分钟以内；二是选择适宜的环境，尽量减少外部对于被调查者答题的干扰。

（四）数据分析

问卷回收后就要对数据进行统计和分析。首先是录入原始数据，然后是对原始数据进行预处理，如缺失值处理、极端值的排查和更正等，最后是按照调查目的对数据进行相应的统计分析，最基础的统计是描述性统计，即进行平均数、频数、频率等的描述，进一步的统计则包括相关分析、差异检验、回归分析等。

（五）撰写调查报告

调查报告并非统计软件所得结果的简单堆砌，而是须经加工编辑整理。撰写时，需要注意以下事项。

（1）只呈现重要指标，切勿全盘呈现。

（2）图表配合使用，勿重复。

（3）遵循基本的格式要求，如表头要说明样本量；小数点后保留位数要统一，一般保留至小数点后2位或3位即可。

第二节 访谈法

一、访谈法的基本常识

1. 访谈法的内涵

访谈法是研究者通过观察、与被试交谈，收集资料作研究的方法。访谈法可以分为访问法和晤谈法。

（1）访问法是研究者到被试的实际生活、工作或学习环境中访问被试，了解他们的境况和意见，并客观地记录其所听和所见的方法。实践中访问法通常采取非标准化的形式，如果访问中观察任务比较多，则类似于非参与观察。

（2）晤谈法是研究者与被试在事先约定的时间、地点晤面，询问被试并要求被试回答，以及准确地记录被试回答的方法。如果被试较多，则晤谈法通常采取标准化的形式，类似于问卷法。

2. 访谈法的特点

（1）访谈法主要通过与被试对话获取资料，而不是通过观察被试。这点与观察法正好相反，观察法虽然也有与被试对话，但通过对被试的观察获取资料则是最主要、最基本的。

（2）标准化晤谈要使用谈话提纲，这种提纲与一份问卷相似，但不是由被试笔答完成，而是由研究者面对面按提纲提问，记录被试的回答完成，并且研究者可以对提纲内容做解释，因此标准化谈话记录的回收率和有效性均优于问卷法。

（3）使用访谈法进行研究，其质量取决于研究者的综合研究能力，但研究者个人的交往能力和语言表达能力有特殊的重要性。

（4）使用访谈法进行研究，会存在研究者与被试的互动问题，如果研究者个人有足够的能力和经验，便可激发被试的积极性和智慧，获得理想的资料。

3. 访谈法的作用

（1）相比较而言，观察法只可调查被试眼下的情况，访谈法则可对被试的过去、眼下和将来做调查。

（2）访谈法可以用来对被试做多次追踪式的调查（这种情况下称追踪访谈）。

（3）访谈中可以视情况与被试深入地乃至多次地探讨问题（这种情况下称深度访谈），个案研究可以更好地体现这种特点。

（4）由于谈话可以标准化，因此晤谈法不仅适用于个案的或小规模的调查，也可以做较大规模的调查。

4. 访谈法的局限性

（1）相对费事、费时，样本数量受到一定限制。

（2）取得被试的支持和接待不是很容易。

（3）晤谈中研究者与被试有相互作用现象，因此调查资料可能会有主观偏差。

（4）由于对语言的理解和运用有所不同，也会造成调查资料存在偏差。

二、访谈法的类型

（一）访问

访问是研究者在被试的实际环境中与被试晤谈，并与观察结合，既听其所言，又观其所行，既记录所听，又记录所见，将所听与所见相互参验的方法。

访问一般适用于个别调查，即使被试不是一个，也要一一进行。还可以多次访问同一被试，做追踪性研究。应该注意，被试既可以是一个人，也可以是一个单位，如果是一个单位，访问的对象就应该是这个单位的发言人。

访问一般采用非结构性的研究设计，研究者可以使用多种记录手段（笔记本、录音机、摄像机）。

（二）个案晤谈

个案晤谈是研究者以一个人或一个团体为被试，通过与之对话收集资料做研究的方法。

个案晤谈既可以在被试的实际活动环境中进行，也可以在其他环境中进行，甚至还可以通过电话进行。因此，实际环境与晤面不是个案晤谈必需的条件，这就与访问有所区别。

一般个案晤谈是为了获得被试的某些事实、态度、意见方面的资料，多数情况下采用非结构性的研究设计。

（三）集体晤谈（焦点团体访谈）

集体晤谈是研究者约请若干被试集体谈话，搜集资料的方法。因此，集体晤谈习惯上也称座谈会。

集体晤谈的好处是一次可以听到各方面的意见，并且参加座谈的人之间也可能互相启发，使对问题的意见更接近全面、深刻。

一次集体晤谈的参加人数以10人左右为宜，并保证参加的人尽可能有一定的代表性，同时要注意让每个人都有机会自由发表意见。

1. 设计

如果研究的目的是对同一团体中的不同成员进行对比，看他们对研究问题的看法存在什么异同，可以采取如下几种策略：

（1）在同一团体中使用相同的访谈问题，看不同参与者的回答是否存在异同。

（2）在同一团体中就同一研究问题使用不同的访谈问题进行提问，看这些不同的访谈问题是否会导致参与者提供不同的回答。

（3）对同一团体系统地变换提问题的程序以及问题的语言表达，看成员之间的反应有什么区别。

如果研究的目的是对一个社会现象进行追踪调查，了解同一团体在一段时间内就该社会现象的看法或态度所发生的变化，我们可以在不同时段对这一团体进行访谈。

如果访谈的目的是对不同团体之间的异同进行比较，我们可以对这些团体询问同样的访谈问题，看其反应是否存在差异。

如果研究的目的是对数个团体在时间上的变化进行对比研究，我们可以同时对数个团体进行多次追踪访谈，在考察每一个团体是否发生变化的同时，对比数个团体所发生变化之间的异同。

2. 抽样

在集体晤谈中，为了便于交流，所有的成员都应该面对面地看到对方，也都应该有充分发言的机会。因此，团体的样本不宜过大，一般为6~10人。如果研究的目的只是对有关问题进行初步的探索，希望在短时间内得到较多人的看法，也可以适当增加人数。

如果研究涉及多个团体，一般来说，团体的数量为3~4个比较适宜。如果研究的目的是尽可能多地获得对有关议题的不同看法，需要对资料进行细致的内容分析，那么也可以适当增加团体的数量，如6~8个。

在挑选参与者时，应该注意他们在教育背景、职业、性别、种族、年龄、辈分等方面的同质性。若这些方面的异质性太强，则可能导致参与者产生戒备心理，不愿意主动发言。这种情况对社会经济地位较低的人来说尤其明显。但同质性不包括态度和看法，因为态度和看法上的不同正是集体晤谈所希望发现的。

当然，如果研究的目的是了解具有不同背景的人聚在一起时如何互动，也可以有意把他们放到一起进行访谈。比如，如果我们希望了解父亲和母亲对自己孩子的教育有什么不同的看法，就应该将父亲和母亲召集到一起进行讨论。

除非有特殊要求，否则最好选择对研究者和参与者来说都是陌生人的人。之所以这样做，是因为陌生人彼此不熟悉，对研究更加有新奇感，可能会比较积极地投入讨论；陌生人之间不必像熟人那样讲究交情和面子，可以比较坦率地发表自己的看法；从研究者的角度看，我们对陌生人的情况不了解，他们提供的信息应该更加有价值。

不要把对研究者是熟人和陌生人的人同时混合在一个团体内。如果这两种人混在一起，研究者可能有意无意地对他们表露出亲疏之分，研究者这种区别对待的态度可能使参与者产生不平等感，特别是对那些与研究者是陌生人的人来说。

3. 实施

研究者不仅要许诺自己对参与者的信息绝对保密，而且应该要求参与者对彼此的信息绝对保密。这一点在团体访谈中特别重要，因为它直接关系到参与者对访谈的信任程度，对访谈的质量有很大的影响。

向参与者交代基本规则，如：

（1）一次只允许一个人说话，不要"开小会"。

（2）参与者可以自己组织讨论，不必等待研究者介入，发言的人要面向大家，不要只是朝着研究者一个人。

（3）后面发言的人应该尽量与前面发言人的谈话内容挂上钩。

（4）尽量使用自己的日常语言。

（5）所有在场的人的经历和看法都同样重要，没有"好坏"之分，欢迎发表不同意见。

为了避免"集体性思维"和"同伴压力"，建议每一位参与者都做一个简短的发言，之后再放开讨论。另外一个办法是，请所有参与者在发言之前先花几分钟写下自己的想法，以便强化他们在团体中发言的愿望和能力。

（四）标准化晤谈

标准化晤谈是研究者组织一批经过训练的助手，按着事先准备好的谈话提纲向通过随机选定的被试提问，并记录被试的回答，从而获取资料的方法。

显然这是为了把晤谈法在更大群体被试中得到应用而创造的方法。由于助手是严格按谈话提纲与被试谈话,甚至对答案也做了必要限定,因此保证了资料标准的同一性。

相对于非结构性的访问或晤谈,研究者称标准化晤谈为"结构访谈法"。

标准化晤谈适合于公众意见、态度调查。

三、访谈法的实施步骤

（一）准备阶段

（1）选定课题。在进行访谈之前首先要确立访谈的目的和方向,确保访谈主题不仅要具备科学性和可操作性,并且要有重要的理论意义和现实意义。

（2）搜集资料。确定了访谈的课题之后要大量搜集与该课题相关的国内外资料,了解该课题当前的发展状况以及已有研究中有哪些不足,为访谈内容的确定奠定基础。

（3）制订计划,包括：
①确定具体的访谈方式。
②确定与了解被试样本。
③准备谈话提纲。
④确定记录的方法与工具。
⑤确定资料处理的方法与工具。
⑥确定时间与进程。

（4）约定被试。访谈地点宜选在无其他人的教室、会议室等相对安静的地方,访谈时间在1小时左右；较深入的访谈至少要三次；母语访谈；准备后继访谈的要留下铺垫。

（二）实施阶段

（1）营造和谐的访谈气氛（自始至终）。

（2）控制访谈按计划顺利进行。提问要明确具体、通俗易懂；采用启发方式引导回答；适时插问；适当运用表情和动作；严格按计划进行访谈,不要随意离开主题,并注意问题之间的衔接。

①访谈的提问。涉及敏感问题时应迂回谨慎；碰到内向的被访者时应多问细节；第一句话闲聊（国家大事、衣服、个人兴趣）；多用开放型问题,少用封闭型问题；一句话问一个问题；问题要具体,避免过于抽象；追问不要在刚开始就频繁进行；把自己的意见悬置起来留待追问；捕捉有意无意抛出的语言"标记"；不要隐瞒自己的

无知。

②访谈中的回应。回应包括认可，重复、重组、总结，自我暴露，鼓励对方。应该避免的回应方式包括论说型回应、评价型回应等。

（3）适时地、愉快地结束访谈。结束访谈时应表示感谢，为下次可能的访谈工作留下好的印象。

（4）做好记录。当场记录的方式包括笔录、录音、录像等，需征得被访者的同意。事后记录的优点是不破坏交谈气氛，使访谈能顺利进行，缺点是有些访谈内容可能会记不住或记不准。

（三）整理资料

（1）资料的筛选与完善。将录音或录像资料转为书面资料，提取有用的信息，舍弃无效的资料。

（2）资料的分类与分析。对于收集来的资料要进行分类和具体的统计分析，如定性分析和定量分析。

（3）图表制作。将统计分析所得的结果用图表清晰地展现出来。

（四）得出结论

（1）明确结论。整理所有结果，得出适当的结论，切忌过度解释。

（2）阐释结论。对所得结论的阐述不能有含糊不清或模棱两可的概念，要客观地陈述事实。

（五）撰写研究报告

研究报告主要包括以下内容：

（1）题目：要求能够简明概括研究的主题，一般为10～15个字，最好不超过20个字。

（2）前言：在综述相关文献的基础上提出所要研究的问题。

（3）方法：主要描述访谈资料是如何进行采集和处理的，以及访谈的样本量、访谈的工具等。

（4）结果：主要报告研究的重要发现。

（5）结论：对整个研究结果进行高度概括，不能对研究结果进行夸大或缩小。

（6）讨论：对整个研究结果进行充分解释和讨论，将自己的研究结果与他人的研究结论进行比较，进一步分析和归纳本质的规律。

第三节　心理健康普测

《广东省中小学建立心理危机"三预"工作机制实施方案（试行）》提出"以心理测量、心理健康情况分析和心理危机评估的方式，实施学生心理危机行为预警防护"。由此可见，心理健康普测是经实践检验、可有效识别学生心理危机的途径和手段之一。心理健康普测因其可以全面了解学生总体心理健康状况，有效预防心理危机事件的发生，增强心理健康教育服务的针对性，提升心理健康教育工作水平，已成为中学心理健康教育常规工作内容之一。在华附，朋辈心理辅导员是心理健康普测的重要实施者，其对心理测量等专业知识的了解以及实施普测的标准化、规范化操作，关系到心理健康普测的科学性和有效性。

一、心理健康测量概述

（一）心理健康测量的含义

心理健康测量是为了弄清自己或他人心理的健康状况而采取的一系列检查措施。这种检查须依照某种标准和规范来进行，其结果是通过一定的赋值方式产生的，具有确定性的特征。因此，就其质而言，心理健康测量是采用某种被认为能反映人的心理健康状况的标准化尺度，对人的心理行为表现进行划分，以推断其心理特征结构在健康维度上所处位置的方法。这里有4点需要注意。

（1）人的心理健康特性跟物体的物理特性不同，它是人脑中内在的、看不见摸不着的东西，不可能进行直接的测量，而只能用间接的方法来测量。因此，心理健康测量一般都属于间接测量。

（2）人的心理健康特质同人的外显行为存在联系，心理健康的特质往往会通过人的外部行为而表现出来。因此，人的心理健康特质可通过测量其外显行为来进行间接的推断。

（3）无论是人的心理健康特质还是人的外显行为表现，都是丰富多彩不可穷尽的，它们当中的关系也是错综复杂的。因此，在进行心理健康测量时，需要引入一定的理论框架来对心理健康特质和外显行为特征进行约定，并建立相应的行为样本。

（4）心理健康特质的测量需要借助标准化的工具来进行。其所需工具依测量水平要求的不同，可以是类别量表、等级量表、等距量表或比率量表等。

所谓类别量表，是指只能给测量对象特征进行分类的标准测量工具，例如能把人分为男女两半的性别量表等。用这类量表给测量对象的特征指派的数字只具有符号象征意义，不能进行大小比较，更不能做加、减、乘、除四则运算。

所谓等级量表，是指既能给测量对象特征进行分类，又能排出顺序的量表。

所谓等距量表，是指同时含有类、序和单位的量表。这种量表除了能给出测量对象特征的类别、顺序外，还能确定各个测量对象之间特征差异的数量大小。例如，英语标准化测验，其测验成绩分数不仅可进行大小比较，还能进行加减运算。

所谓比率量表，是指同时含有类、序、单位和绝对零点的量表。这种量表除具有其他所有量表的功能外，还能给出测量对象之间特征差异的比值。其所得数字可直接进行加、减、乘、除四则运算。例如，用秤称人体的重量，若称得张三的体重是30千克，李四的体重是90千克，则通过加减运算可得知李四的体重比张三的重60（90－30）千克，张三的体重只及李四体重的1/3。心理健康测量中很难有这样的量表，因为我们找不到心理健康的绝对零点。

（二）心理健康测量的种类

人的心理堪称世界上最复杂的事物，看不见也摸不着，要认识它的确不是一件轻而易举的事。到了20世纪上半叶，在科学的心理健康测量学诞生之后，人们创造了许多新的方法工具，如作业量表法、心理投射法、自陈量表法等。借助这些新的方法和工具，人们可以比较深入而又系统地认识心理的健康状况。以下是心理健康测量中常用的几种方法。

（1）自然观察评估法。这是观察者通过感官或一定的仪器如望远镜、单向玻璃等，在一定的时间内有目的、有计划地考察被试在完全自然条件下发生的语言、动作行为、表情和基本外貌、形态等，并对考察结果进行分类描述和对照，以做出类别判断。这种方法在操作程序上往往比较简便易行，虽然其量化水平比较低，但实用性强，应用广。

（2）作业量表法。这是心理健康测量中较为严格的测验方法之一，它是按照标准的操作规程，以作业的形式来行使刺激并引导被试做出答案，从而测定个体智能发展状况的一种测量方法。这种方法对诊断儿童早期的心理健康状况有较高的应用价值。自比奈－西蒙量表问世以来，作业量表法测验日趋完善，现已成为心理健康测量中较为成熟的一种。

（3）心理投射法。这是心理健康测量中又一个较为严格的测验，其基本形式有两种，即墨迹测验和主题统觉测验。这种测验是通过呈现一定的刺激材料（一般是没有明确意义的刺激材料）让被试加以解释或者要求他们把这些刺激材料组织起来。这种方法的基本假设是：当一个人处在意义不明确的刺激情境之中时，他往往会把那种反映自己特有的人格结构强加于刺激情境。而如果知道了一个人如何对那些意义不明确的刺激情境进行解释和组构，就有可能推论出有关个体人格结构的一些问题。心理投射法在心理疾病或精神病的检查中应用较广。

（4）自陈量表法。这是一种让被试自己描绘自己、刻画自己的方法。例如，给他一张形容词词表，要求他从中指出哪些是能够描绘自己性格的词，或者要求他在大量的陈述句中指出哪些是能够描绘自己性格的句子等。这种方法的一个重要前提是被试能够主动配合和合作，许多个性调查问卷或性格特征调查问卷都属于此类。

（5）心理实验法。这是在某种（些）理论假设的背景下，根据事先预定的目的，通过严格的控制或创设一定的条件来引起某种心理现象以便进行测量的方法。这种方法有仪器测量法和情境控制法。仪器测量法广泛采用现代科学技术的最新成果，如机器人技术、计算机技术、核磁共振技术、脑化学分析技术等，因而它是最先进和最高层次的测量，但目前大多数只用于对心身疾病诊断方面的测量。情境控制法是根据一定的理论假设，把被试安置在事先设计好的某种（些）要求做出特定行为或反应的情境中，并对他们的行为进行观察记录，进而加以评定的测量方法。这种方法常用于人事招聘选拔中。

（6）自省法。这是在一定的理论指导下，通过刺激材料的引导，由被试对自己的心理、语言、行为进行系统的内省，并同外部标准相比较，以判断自己的心理健康类别的方法。这种方法在心理健康自测方面有较高的应用价值。

华附目前使用的心理测量量表基本上属于自陈量表，涉及学生的人格、心理健康、学习心理等。

华附学生心理档案结构

测试名称	测试对象	测试时间	用　途	测试后处理
中学生个性特征测试	初一、高一新生	新生拿录取通知书时发放（网络）	了解学生个性特征；研究优秀学生具有哪些品质特征	年级报告＋班级报告＋个人报告
艾森克个性问卷	初一新生（儿童版）、高一新生（成人版）	新生拿录取通知书时发放（网络）	了解学生个性特征，根据与心理健康相关的两小指标（神经质和精神质），筛选出需要关注的学生名单	年级报告＋班级报告＋个人报告

续上表

测试名称	测试对象	测试时间	用途	测试后处理
父母教养方式测试	初一、高一新生	新生拿录取通知书时发放（网络）	了解家庭教养情况	年级报告＋班级报告＋个人报告（开放）
中学生学习动力因素	初一、高一新生	新生拿录取通知书时发放（网络）	学业指导，导师交流参考	年级报告＋班级报告＋个人报告
中学生学习认知因素	初一、高一新生	新生拿录取通知书时发放（网络）	学业指导，导师交流参考	年级报告＋班级报告＋个人报告
中学生学习社会因素	初一、高一新生	新生拿录取通知书时发放（网络）	学业指导，导师交流参考	年级报告＋班级报告＋个人报告
职业兴趣测试	高一新生、高三学生	高一：发展指导课布置，第一学期内完成（网络）高三：寒假发放（网络）	生涯指导	年级报告＋班级报告＋个人报告（开放）
能力测试	高一新生、高三学生	高一：发展指导课布置，第一学期内完成（网络）高三：寒假发放（网络）	生涯指导	年级报告＋班级报告＋个人报告（开放）
性格测试	高一新生、高三学生	高一：发展指导课布置，第一学期内完成（网络）高三：寒假发放（网络）	生涯指导	年级报告＋班级报告＋个人报告（开放）
学业兴趣测试	高一新生、高三学生	高一：发展指导课布置，第一学期内完成（网络）高三：寒假发放（网络）	选科指导	年级报告＋班级报告＋个人报告（开放）
中学生心理健康测试	全校学生	学期中段	心理预警	提供需关注学生名单＋后续跟进
青少年生活事件量表	全校学生	不统测，提供给班主任，作为辅导需要关注学生的名单	心理预警	

（三）心理健康测量结果的解释与常模

心理健康测量的结果虽然也可能是一个精确的数字，但其意义却并不确定，因为人的心理健康状态的变化不是简单的有或无，而是从无到有的连续体。例如，一个儿童的智力测验得分为零，却并不表示他没有任何智能，而只能说是智力低下罢了。又假如某人的焦虑测验得了50分，也不能断定说这人有焦虑症。因为这里没有给出评判焦虑症的依据。50分可以代表严重的焦虑症，也可能与焦虑症相差万里。

因此，与普通的物体测量不同，心理健康测量的结果需要通过解释才能获得确切的意义。而解释的过程就其本质而言，除对所测对象的特征及特征之间的关系进行因果说明之外，其主要的工作内容恐怕就是比较了。既然是比较，自然要有用于比较的对象或参照标准，这在心理健康测量学上就叫常模。

心理健康测量结果的解释，正是以常模为标准，将抽象的测量结果分数跟常模中所划定的界线进行匹配，从而获得明确的意义。上面提及的常模，虽然从广义上说，它甚至包括人们在日常生活中进行自我心理特征判断时所使用的内心体验标准，但狭义而言，常模是对测量对象的某些特征在统计上所做的一种规定。它所反映的是测量对象的概率特点，也可以说是对相关事物经验的描述。常模是构成心理健康测量的核心要素之一。通常，科学的心理健康测量是要根据常模来对量表结果进行解释的，也只有那些建立了常模的心理健康测量才称得上是科学的心理健康测量。

心理测评是一项专业性很高的心理技术，在阅读测评结果时，有以下4个注意事项，简单列出供大家参考。

（1）主观性。华附使用的基本上是自陈量表，即是学生自己评价自己，虽然题目是偏向于事件的，但难免还是会受学生主观性影响，有些学生对自己比较严格，因此凡事都要求很高，倾向于往"严"来进行评价；有些学生对自己要求不严格，甚至盲目乐观，可能凡事都往"好"来进行评价。因此，测评的结果不一定是学生的实际情况，这就需要我们结合学生日常的表现来进行综合判断。

（2）发展性。学生是发展中的个体，很多学生小学是这样，初中就变了，或者初中时是这样，到了高中就变了。因此，测评的结果并不是要给他们下定论、贴标签，而是希望能根据他们的情况给予积极的引导，最大可能地帮助他们适应中学生活，发展得更好。

（3）参考性。这些测评结果没有诊断功能，因此绝不能因此给学生下结论。但测评结果可以作为我们了解学生，帮助学生解决困扰的一个切入点和方向，不至于没有抓手，但真实情况究竟如何，需要进一步和学生沟通。测评结果不能代替沟通和观察。

（4）保密性。这是最重要的一个原则，是对学生的保护。由于上述三个特性，测评结果很可能不是最终的结果，因此不能靠此来预测学生的未来，但是学生自己不懂得这个道理，如果结果不慎泄露，将是对学生很大的伤害。

二、心理健康普测的实施步骤

学生心理健康普测的性质要求其必须构建一个相对标准化的普测工作流程。心理健康普测工作流程的构建就是对心理健康普测工作方式、工作方法、工作环节的制度化和系统化。学生心理健康普测流程的完善，可以在一定程度上改变以往因种种问题存在的测试对象不配合和测试结果不准确等问题，从而更全面地了解、发现和识别学生潜在的心理危机和心理困惑。

（一）普测准备

顾名思义，普测准备就是正式实施普测前的一些必要的措施。普测准备相当于普测实施计划，需要针对普测实施的每个环节进行提前的预设和准备。普测准备主要涉及确立时间、普测宣传动员、普测工具的选择、普测主试的培训等。

1. 普测时间的安排

不同学校采取的普测时间不同，大多数研究者认为，新生入学一两个月后，新生适应问题初见端倪，是进行普测的最佳时机。

华附的心理健康普测安排在每个学期的中段考试后，使普测实现最大化效用。

2. 普测宣传动员

在心理健康普测实施中，学生及普测有关人员等对普测内涵的认识不足，对普测的重视程度不够等，都会影响普测实施的有效性和准确性。因此，在普测具体实施前一定要加强对心理健康普测内涵意义的宣传讲解，提高学生及普测相关人员等对心理健康普测的正确认识。

朋辈心理辅导员作为普测的最终实施者，必须了解心理健康普测的目的和意义，了解同学们在认识心理健康普测中可能存在的误区，向同学们宣传普及。在普测宣传动员中，应注意心理保健、自我认知和健康成长等发展性内容的铺垫，不宜过多强调异常的心理问题。在测试前后还可以通过心理健康宣传板报的方式，普及心理健康普测的常识，号召学生从心理的角度关注自己，提高大家参与测试的动机。

另外，朋辈心理辅导员还应了解普测的量表，以便在现场更好地向参加的学生解释疑问。

3. 普测实施途径和组织安排

学校心理健康普测的施测方式一般有两种：纸质方式施测和计算机测试。在普测最早开始实行时，都是采用纸质测试，但在纸质施测过程中，经常会出现被试题项漏填、后期数据整理和输入失误等现象。近几年因科技发展，计算机测试日渐取代纸质

测试，成为普测的主要方式。

相关研究表明，纸笔测验与计算机测验结果并不存在显著的差异。因此，基于计算机测试有相应的量表系统以及学生信息系统的管理，有特殊设置可防止普测的漏填现象，并且上机测试的环境更为标准化，及其可以实现后期数据的自动统计，减少了后期人员输入失误的现象，大大提高了普测的效率和准确率等优势，最理想的情况是采用计算机测试。

在华附，由于机房时间安排的原因等，采取的是填涂答题卡的方式进行施测，收集答题卡后使用机器读数据，以解决后期数据整理繁琐和输入失误的问题，但是无法解决学生漏填错填的问题，这就需要朋辈心理辅导员在回收答题卡后进行认真检查。

在普测的组织安排上，学校一般采用团体施测的形式进行，即全校学生统一时间进行施测，朋辈心理辅导员经过专业培训后作为施测者按照标准化流程统一施测。

4. 主试人员的选拔与培训

主试人员在普测过程中的指导语及对问题的解答等因素对学生问卷的填写会产生一定的影响。在普测过程中，主试的专业水平及指导语的标准统一对普测实施的有效性起着非常关键的作用，所以对主试培训的科学化和专业化是学校进行普测前准备阶段的必要环节。

在华附，心理健康普测的主试人员由朋辈心理辅导员来担任。学校学生发展指导中心的教师负责从心理健康普测的意义、测试标准化的重要性、测试的流程、主试人员的要求及实际测试中可能出现的问题等方面对朋辈心理辅导员进行培训和指导。

（二）普测实施

普测实施也即正式施测环节，包括正式下达普测时间和地点的通知、引导学生进入施测现场、施测过程中现场秩序的维持、施测结束后学生的有序退场及主试人员的及时施测总结等，可概括为施测前安排、正式施测、施测后检查和总结三个方面。

1. 施测前安排

华附每学期的心理健康普测安排在中段考后的班会课时间。严禁教师边讲述别的内容边让学生填写普测的内容，或把普测当成课后作业要求学生第二天上交，因为这样施测过于随意，会出现学生乱填、漏填、他人代填等现象。统一的时间、统一的流程、规范化的模式会让学生重视此次普测并认真完成，从而进一步实现普测的有效性。

2. 正式施测

施测过程中，主试人员指导语的标准化和专业化至关重要，这取决于在普测准备期间，主试人员所接受的他人培训和自我训练，以及主试人员本身的心理学专业素养等。

在普测开始时，主试人员要向参加的学生解释心理健康普测的意义和目的，强调保密原则，宣读测验相关的指导语，减少部分学生的顾虑，确保他们按照自己的真实情况作答。

在测试中，部分学生可能在理解测验指导语和题目含义时存在着一定的偏差，主试人员应积极予以解释和反馈。

3. 施测后检查和总结

测试结束后，朋辈心理辅导员作为主试人员要认真检查同学们答题的情况，有漏填或错填的要及时提醒纠正，并对缺席同学的信息和缺席的具体原因进行登记，以便协助学校学生发展指导中心安排补测。

另外，施测后主试人员要就当天测试过程中出现的问题进行总结交流，分享个人经验和教训，及时讨论出新的解决方案，提高下次施测的质量，保证下次施测顺利进行。

（三）普测结果整理

普测结果整理与反馈是实现普测目的的重要环节，也是普测实用性的体现。普测结果的整理可以更好地呈现总体特征，而及时的反馈可以帮助相关人员把握学生心理状况的特点。这部分工作由学校学生发展指导中心完成。

普测结果分析服务于全校心理健康工作。普测结果主要有两个用途，一是测出每个个体的心理健康水平及其主要心理问题，以便有针对性地进行个体干预；二是查看各年级各班学生的总体心理健康水平及其主要心理问题，以便有针对性地开展主题心理活动。

普测结果出来后，学生发展指导中心会开放时间让学生前来查阅自己的测评报告，朋辈心理辅导员要协助学生发展指导中心做好组织协调工作。

（四）普测回访

心理健康普测的目的，即发现和识别具有潜在心理危机和心理困扰的学生群体、关注总体学生的心理健康水平，以便及时关怀和干预。以关怀和干预为目的的普测回访是普测分析结果运用的关键环节之一，如何将普测回访工作科学化便是其首要考虑的问题。而普测回访工作机制的构建主要围绕回访工作人员安排、回访对象分类、回访步骤设计等三方面来进行。

1. 回访工作人员的针对性和专业性

在华附，回访工作人员分为三类，第一类为心理教师/外聘心理咨询师，第二类为班主任，第三类为朋辈心理辅导员。其中，朋辈心理辅导员负责联系和通知回访对象，

并负责一部分普测结果显示心理健康但又想查询自身测试结果的同学的咨询。班主任负责协助支持回访工作及对普测结果显示预警的学生进行日常学习生活情况反馈和提供简单的咨询。而心理教师/外聘心理咨询师则主要结合普测结果以及班主任的反馈，筛选出需要高度关注的学生，为他们提供咨询，并给予干预建议。三类工作人员的划分，有利于保证普测回访的全面性、针对性和专业性。

2. 回访对象的选取、划分及处理

根据普测所用量表的筛查标准对学生进行划分归类，如无心理问题类、一般心理问题类、严重心理问题类等，主要目的是将回访对象划分归类后有针对性地安排相应的咨询人员，从而实现普测回访效率的最大化。此外，要强调的是，回访对象的选取除了根据量表以外，为了防止由于学生掩饰等原因导致的量表筛查的局限性，回访对象不仅包括量表所筛查出的学生，还包括班主任/朋辈心理辅导员根据对学生观察的实际情况所补充的名单。

3. 回访步骤的规范化

回访步骤主要包括邀约回访对象、进行一对一回访咨询、后续跟踪三个部分，其中，邀约回访对象的措辞需要联系人员谨慎斟酌，避免类似"你是普测筛查得出严重心理问题需要回访咨询的对象"等用语让回访对象产生防卫或阻抗心理，而应以"你是我们随机抽取的回访对象"等用语消除回访对象的防备心理，以免周围同学产生误解，从而有利于回访咨询的顺利进行。

在回访过程中要求参与人员熟悉相关的测评工具，能够有较好的准确解读，但在回访过程中又要避免过分依赖测验的结果，以免因先入为主而误判学生的情况。在回访过程中一定要注意避免给学生贴标签，注意学生信息的保密，以免造成不良影响。

在回访结束后，学校学生发展指导中心将参考心理测验的结果和回访的情况对学生的心理健康严重程度做初步的判断，并结合回访群体情况通过朋辈互助、心理健康教育课、团体辅导、个体心理咨询等方式开展心理辅导工作，对于个别存在心理危机或严重精神病性问题的学生也要及时干预与转介。

附录一

华南师范大学附属中学
三级心理预警制度

　　学生心理危机预防、预警、干预（简称"三预"）工作是一项关系到学生身心健康与安全，关系到学校正常教学秩序的工作。学校必须高度重视，特建立华南师范大学附属中学（以下简称"华附"）学生心理危机"三预"工作机制，制定《华附学生心理健康危机个案预警制度》。

　　一、总则

　　1. 华附学生心理危机"三预"工作机制：

　　预防——以发展性教育内容模式，培养学生良好的心理素质，预防和减少学生心理问题和不良行为的发生。

　　预警——以心理测量、心理健康情况分析和心理危机评估的方式，实施学生心理危机行为预警防护。

　　干预——以心理咨询、心理危机干预的手段，应对、排除和干预学生的心理危机和极端行为，并在必要时实施医疗转介。

　　2. 学校学生心理危机"三预"工作，实行日常教育预防、心理危机预警、心理危机干预相结合的工作方针，确保学生身心健康和人身安全。

　　3. "三预"工作机制既有心理学属性，也有学校管理属性，更有思想政治教育工作属性；既是学生心理危机干预手段，又是学校管理重要措施，更是思想政治教育重要内容，因此是三者相结合的工作机制。

　　4. 为了有效地保护学生心灵，确保学生的人身安全，华附参照《广东省中小学建立心理危机"三预"工作机制实施方案（试行）》，根据本校实际，特制定《华附学生心理健康危机个案预警制度》。

　　二、预警工作机制的内容

　　建立"心理预警"工作机制，以防护为目的，是心理危机干预的科学依据。建立预警预报的工作机制，有利于对有心理危机的学生的监控与干预。

　　1. 新生入学第一个季度，学生发展指导中心联合起点年级组，完成新生心理素质

综合测评，建立《华附学生心理档案》，在数据分析、界定的基础上进行预警预报。心理测量的工具使用具科学性的专业心理量表。学校给予专项经费支持。

2. 每个学期中段，学生发展指导中心指导年级心理部，对学生心理健康状况进行普测，向德育工作会议提交《学生心理健康状况调查分析报告》。发现存在突出问题的群体和个人，及时发出警示，做到防患于未然。

（1）"预警"的级别。

一般预警：被列为一般预警对象的学生，心理教师、班主任要给予关注。

重点预警：被列为重点预警对象的学生，心理教师、班主任和学校要给予重点关注。

特别预警：被列为特别预警对象的学生（属高危人群、易发生自残行为、有自杀倾向、易发生危害他人行为），学校和心理教师要给予特别防护。

（2）"预警"的程序。

一般预警：在严格保密的前提下，心理教师将预警学生情况通报班主任，协同班主任予以关注。

重点预警：在严格保密的前提下，心理教师将预警学生情况通报班主任、学校学生处、主管校长，共同采取措施，跟踪个案学生的发展，重点关注。

特别预警：心理教师及时将预警学生情况通报班主任、学校学生处、主管校长、校长和学生家长，学校和家长共同采取有效的特别防护干预措施。

三、华附心理危机预警步骤

如在校发现需要预警的个案，需按照如下步骤进行上报。

1. 由发现者向上级有关部门和学生处主管领导上报需要干预的个案情况，填写"华附学生心理问题或严重违规违纪表现及教育纠正情况汇报表"。填表一式两份，分别提交给学生处办公室和学生发展指导中心存档。

2. 组织并召开预警个案联席会议，与会人员由德育副校长、学生处主管领导、学生发展指导中心负责人、年级组长、班主任及其他有关人员组成。在会后及时整理会议记录，提交学生处办公室存档。

3. 根据会议讨论情况，按需要向该生家长等反映情况。必要时，召开心理干预讨论会议，与会人员由该生所在班级班主任、年级组长、心理教师及其他有关人员组成，共同商讨学生的干预计划，心理教师负责提交《心理预警报告》（档案编号：心警×××）给学生发展指导中心存档。

4. 根据预警个案联席会议的讨论结果，对该生进行危机干预，可包括个别心理咨询、向专业咨询或治疗机构转介等。

5. 学生发展指导中心建立该生的心理预警档案，积极跟进咨询效果，及时组织人力通报相关情况。

四、华附心理危机预警、干预保障体系

（一）心理危机预警、干预的维护系统

利用心理危机干预的维护性对需要干预的人群进行干预。维护系统包括领导指挥组、专业工作组和心理健康教育活动系列（主要以创伤后矫正为主）。领导指挥组由学校核心领导组成，负责协调和保证各危机干预系统的正常进行。专业工作组由从事现场心理危机干预的指挥人员、心理教师等技术指导监督成员组成，收集干预对象的相关资料并进行评估，形成干预方案与研究报告。

（二）开展心理危机干预的硬件设施与经费保障

准备心理预警、干预开展必需的工作场地及仪器设备，按照要求布置心理咨询场地，有足够经费。

华南师范大学附属中学
朋辈心理辅导员的权利与义务

1. 接受专业培训，学习心理健康知识。学生发展指导中心的专职心理教师将利用学生的课余时间对朋辈心理辅导员进行系统的培训，使大家在不断充实心理健康教育知识的过程中逐渐提高自身的心理素质和心理服务能力。每周一下午17：20—18：20进行培训。

2. 观察了解，发现问题，及时报告，建立反馈。朋辈心理辅导员需要在学习与生活上关心同学的身心健康，遇到特殊的问题或突出的事件，有责任向班主任及时反映，并及时向心理教师汇报，配合教师为有需要的同学提供帮助，并配合学生发展指导中心做好心理健康普测工作。

3. 借助班刊、班墙报、年级"心灵驿站"和班团课等平台宣传渗透心理健康、生涯规划等方面的常识。

4. 活动的策划与协助组织。协助班主任组织开展各类班级活动，包括班会（课）以及外出活动等；协助团干部组织开展相关主题的团活动；协助心理教师开展各种大小型的学生发展指导活动。

5. 上传下达。配合学生发展指导中心下发各类年级和校级通知，如心理健康小报发送，心理沙龙和团队游戏的通知传达等。

6. 接受监督。经相关部门讨论决定，朋辈心理辅导员是班委会的成员之一，年级心理部长是年级学生分会的成员之一。朋辈心理辅导员同时接受学生发展指导中心、年级学生分会和校学生会生活部的领导和监督，以保证工作质量。

华南师范大学附属中学关于非起点年级朋辈心理辅导员选拔须知

各位尊敬的年级组长、班主任：

各班朋辈心理辅导员是我校"校园心理预警机制"中最基层的一员，他们与同学朝夕相处、共同学习生活，如果具备相关技能，通过细致入微的观察，就有可能及时了解和发现同学中存在的心理问题，帮助教师掌握解决问题的主动权。同时，朋辈心理辅导员也是在班级里渗透心理健康常识、生涯规划常识的重要桥梁。朋辈心理辅导员需要经过专业的培训，如果经常更换人选，又未能及时培训，将影响工作效果。因此，一开始就选择合适的人选担任朋辈心理辅导员事关重大。下面向各位教师简单介绍朋辈心理辅导员的职责、选拔条件以及选拔办法。

一、朋辈心理辅导员的工作职责

1. 观察了解、发现问题，及时报告，建立反馈。朋辈心理辅导员需要关心同学学习与生活的身心健康，遇到特殊的问题或突出的事件，有责任向班主任及时反映，并及时向心理教师汇报，配合教师为有需要的同学提供帮助；配合学生发展指导中心做好心理健康普测工作。

2. 宣传渗透心理健康、生涯规划等方面的常识。朋辈心理辅导员之间互相合作，策划并编辑完成年级提供的《心理园地》，每月更新一次。

3. 活动的策划与协助组织。协助班主任组织开展各类班级活动，包括班会（课）以及外出活动等；协助团干部组织开展相关主题的团活动；协助心理教师开展各种大小型的学生发展指导活动。

4. 上传下达。配合学生发展指导中心下发各类年级和校级通知，如心理健康小报发送，心理沙龙和团队游戏的通知传达等。

二、选拔条件

1. 责任心强。
2. 心理素质优秀、人际关系好、关心同学、善解人意。
3. 对朋辈心理辅导员工作感兴趣。

4. 每班设 1 位朋辈心理辅导员，如无特殊情况，朋辈心理辅导员的人选不随便变动，建议高一担任 1 学年，高二和高三连任 2 学年，初中连任 3 学年。

5. 能按时参与培训，培训时间为周一下午 17：20—18：20。

三、选拔办法

1. 班主任根据现状，推荐合适的人选担任朋辈心理辅导员，并请本班的朋辈心理辅导员填写"朋辈心理辅导员信息表"，于开学第二周周五前提交给学生发展指导中心。

2. 年级心理部长在年级朋辈心理辅导员中产生，由心理教师推荐、年级组长最终确定。

3. 非毕业年级朋辈心理辅导员于第三周开始接受学生发展指导中心的培训，并与班主任商讨本学期班级心理健康教育的工作计划。

最后，请年级组长和班主任注意，自 2011—2012 学年起，经有关部门讨论决定，朋辈心理辅导员是班委会的成员之一，年级心理部长是年级学生分会的成员之一。朋辈心理辅导员同时接受学生发展指导中心、年级学生分会和校学生会生活部的领导和监督。

感谢各位年级组长和班主任对心理健康教育工作的支持和协助！

学生发展指导中心

华南师范大学附属中学
心理健康普测施测指引

一、告知朋辈心理辅导员

1. 周一第8节课进行心理健康普测，共100题，约20分钟。

2. 心理健康普测就像心理体检，是学校心理预警机制中重要的一环，能初步筛选出需要我们进一步跟踪关注的同学。我们将严格按照有关规定，对普测结果严格保密。心理测试的结果是否有效可靠和做题者的态度有关，因此，需要施测者（朋辈心理辅导员）给予专业的说明和指引。

二、测试流程

1. 请同学按座位就坐。

2. 发放心理健康普测问卷和答题卡。

3. 强调答题卡准考证号的填涂方式（写样例在黑板上）。

在准考证号栏靠右填涂4位学号：2位班别代号+2位学号代号，如01××代表1班××号同学，12××代表12班××号同学。

4. 向同学强调以下几点：

（1）重要性。正如我们需要每年做一次体检以便我们及时发现问题调整自己的饮食、作息习惯一样，我们也需养成隔段时间就进行心理体检的习惯。本次测试就是一次心理体检，目的在于帮助大家了解自己当前的心理状态，并有的放矢地从心态和行为上调整自己，以改善、维护和提高自己的心理健康水平。

（2）保密原则。测试结果遵循保密原则。大家可凭自己的有效证件到学生发展指导中心查询本人的测试结果，请大家无须顾虑，如实作答。

（3）认真答题，不要漏题。仔细看指导语，一定要做完全部题，不要漏题，否则测评系统无法生成测试结果。

5. 同学做题。

6. （普测结束时年级广播说）再次强调准考证号的填涂方式以及检查不要漏题。

7. 答题卡回收。

（1）检查答题卡有无准确填涂（准考证号是否正确、有无漏题）。

（2）按学号顺号。

（3）填写缺考同学名单。

（4）将答题卡和缺考名单装进信封。

8. 将答题卡提交到学生发展指导中心。

华南师范大学附属中学心理健康普测回访指引

班主任：

您好！

心理健康是动态的平衡，情绪/心态是波动发展的，学生也在自我调节中，出现在预警名单中的学生不是说他们就有严重的心理疾患，不过的确值得我们关注，预警信号从一定程度上说明目前他们正处于压力/困扰/情绪的漩涡中，如果老师们能及时发现，给予关心、理解、指导，他们走出困扰的可能性就越大，获得成长的可能性就越大；如果不给予关心和指导，有的同学可能可以自行调节，有的可能状态会恶化。

测评结果并不是我们判断学生心理健康状况的唯一标准，我们还需要结合学生的平时表现来综合判断。建议班主任进一步了解学生的状况，同时填写"预警人员班主任反馈表"（见附表）并提交到学生发展指导中心，然后我们共同商定是否对预警学生进行干预以及具体的干预措施。

另外，可能有一些心理健康状况糟糕的学生会掩饰自己的真实情况，不愿让人知道，或者是普测的题目无法真实地反映他们特殊的心理状态。因此，如果有我们没检测出来的但需要关注和干预的特殊个案，也请您一并反馈备案。如果学生出现以下状况，则值得关注：

（1）自残；
（2）有自杀念头或自杀言论，甚至尝试过自杀；
（3）成绩下滑严重；
（4）突然经常请假不来学校；
（5）身体突然胖得厉害或瘦得厉害；
（6）有在外寻求心理医生或心理咨询师的帮助；
（7）家里发生了重大变故。

对于预警的学生名单，基于保护学生的角度，请各位保密。谢谢！

学生发展指导中心

附：

预警人员班主任反馈表

学生姓名		班　别	
家庭情况	A. 单亲家庭　　　　　　　B. 父母教养方式民主 C. 父母教养方式专制　　　D. 父母教养方式放任 E. 其他补充信息（　　　　　　　　　　　　）		
学业情况	A. 优　　B. 良　　C. 中　　D. 差		
人际关系情况	A. 和同学相处良好，在班上受欢迎 B. 和同学相处一般 C. 在班上基本没什么朋友 D. 其他补充信息（　　　　　　　　　　　　）		
担任班干部情况	A. 目前是班干部　　B. 曾经是班干部　　C. 没有担任过		

班主任观察和了解到的情况说明：

1. 该生的性格特点

2. 该生主要存在的问题

3. 其他情况说明

　　　　　　　　　　　　　　　　　　　　　　　　　　班主任签名：

学生发展指导中心的建议：

华南师范大学附属中学
心理健康普测回访邀请函

亲爱的　　　　同学：

　　你好！我是华南师范大学附属中学学生发展指导中心的老师，在第10周我们开展了每学期中段的心理健康普测。为了更好地了解同学们的心理健康状况，我们随机抽取了一部分同学进行普测结果的反馈。

　　很高兴能够和你拥有这个面对面聊天的机会，我邀请你在　月　日　　时到访学生发展指导中心。如能准时赴约，请填写回执并交回学生发展指导中心；如需调整时间，请提前与我联系，我的联系方式是020-38630507。

　　期待你的到来，我将如期赴约。

学生发展指导中心
年　月　日

回　执

　　本人已收到访谈邀请，并将于　月　日　　时来到学生发展指导中心。如需与我联系，请拨打　　　　　　。

本人签名：
年　月　日

附录七

华南师范大学附属中学班刊设计方案

"从 xin 出发"班刊设计大赛方案

一、参赛范围

高一、高二、初一、初二年级，以班为单位，自行组队，每班至少上交 1 份。

二、上交截止时间

第 10 周周一下午放学之前，将制作好的班刊手抄报交给各年级的心理部长，心理部长收齐后交到学生发展指导中心。

三、班刊主题

从 xin 出发。"xin"可以做多种解释，新、心、信……都可以，例如可以围绕新集体建设、同学之间的交往、适应新生活等方面展开。

四、班刊名称

自定，要求简明、贴切（不能用"手抄报"或"从 xin 出发"来命名）。

五、班刊规格

大图画纸。

六、班刊版面要求

1. 要求集体合作完成，体现创意；
2. 版面制作以手写文字和手绘插图为主；
3. 正面需注明班级和制作者姓名。

七、班刊评选标准

1. 内容丰富，主题突出；
2. 用色协调、版式美观，图文布局合理；
3. 标题制作醒目、大方。

八、班刊评选过程

1. 学生投票（所得结果占评比总成绩比重：30%）：

一票代表一分，最后每队在学生投票部分所得分数为按百分比折合成百分制下得到的分数 a。

2. 学生代表评分（所得结果占评比总成绩比重：35%）：
采用百分制，取所有学生代表评分的平均分 b。

3. 教师代表评分（所得结果占评比总成绩比重：35%）：
采用百分制，取所有教师代表评分的平均分 c。

4. 得出总分：
每队最后的得分为三部分的加权平均数

$$d = 30\% \cdot a + 35\% \cdot b + 35\% \cdot c$$

九、班刊奖项

一等奖 5 名；二等奖 15 名；三等奖 6 名；最具创意奖 1 名。

阳光心配方——中学生朋辈心理辅导理论与实践

华南师范大学附属中学某年心理节活动方案

一、活动目的

以有趣的活动形式加深学生对自己的了解程度，激发其探索外部世界和规划人生的意识，激发自我潜能，营造有积极能量的氛围。

二、活动时间

第11—13周。

三、活动主题

思考人生的可能，演绎青春的精彩。

四、举办方

1. 主办方：学生处。
2. 承办方：学生发展指导中心。
3. 协办方：家长义工团、师兄指路、心理社、推理社、初中心理部、高中心理部。

五、活动安排

活动板块	活动内容	时间	协办者
优秀生涯档案展示/幸福账本展示	展示初一年级和高一年级的心理作业	第11—13周	初中/高中心理部
请进来——职业分享活动	职场人士到校分享自己的人生故事	第11周周六 10：00—12：00	家长义工团
福卡行动	给毕业年级送祝福	第10—13周	初中/高中心理部
心理知识竞赛	和中学生息息相关的学习心理、人际交往、心理健康常识等的普及	初赛：第12周周二 17：20—18：20 决赛：第13周周二 17：20—18：20	心理社

附录八　华南师范大学附属中学某年心理节活动方案

续上表

活动板块	活动内容	时间	协办者
心理游园	心理游戏、心理仪器体验	第12周周三 16：00—18：00	初中/高中心理部、心理社
我为理想代言	行业展览+现场互动	第12周周三 16：00—18：00	师兄指路
密室逃脱	推理游戏	第12周周四/周五 17：15—18：30	心理社、推理社
心理电影赏析	《疯狂动物城》（破解职业的刻板印象，勇于追梦）	第13周周四 17：20—18：20	心理社

阳光心配方——中学生朋辈心理辅导理论与实践

附录九

心理节游园道具之积分卡

积分卡用于心理节游园期间，作用有二，一是学生玩游戏闯关成功后可在积分卡上盖章，凭印章个数兑换奖品；二是在积分卡的正面设计有图案和文字，文字主要是心理小常识，起到普及心理健康常识的作用。积分卡由心理社的同学在心理教师的指导下进行设计。每年有不同的设计款式，在此呈现某一届心理节所用的积分卡。

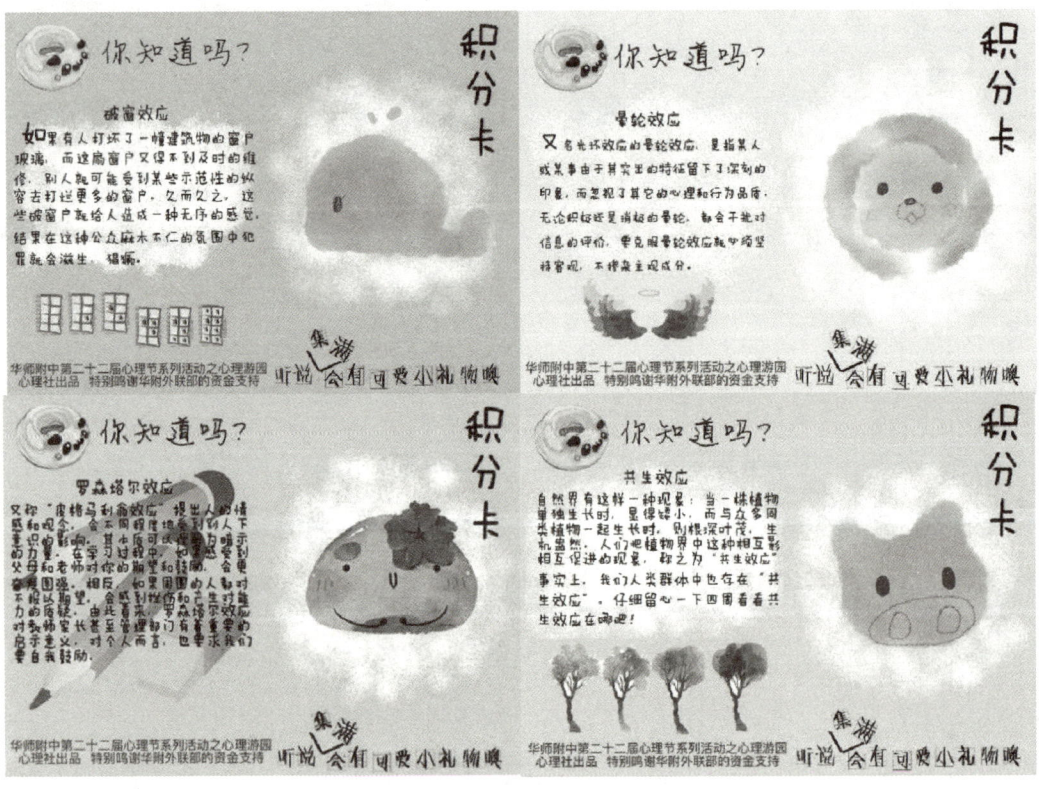

心理节游园积分卡

参 考 文 献

艾维 A E，丹德烈亚，艾维 M B，等. 心理咨询与治疗理论：多元文化视角：第 5 版［M］. 汤臻，张晓辉，叶红萍，等译. 北京：世界图书出版公司北京公司，2008.

蔡力. 青少年性意识困扰的原因与对策［J］. 福建教育学院学报，2008（5）.

蔡敏. "角色扮演式教学"的原理与评价［J］. 教育科学，2004，20（6）.

蔡中元. 看完这篇文章，你就懂得如何上好心理课：从课堂分享谈到团体动力［EB/OL］.（2017 - 01 - 05）［2018 - 09 - 12］. https://zhuanlan.zhihu.com/p/24728549.

陈国海，刘勇. 心理倾诉：朋辈心理咨询［M］. 广州：暨南大学出版社，2001.

邓公明. 浅析中学生失恋的危害、原因及其调适［J］. 大众心理学，2015（7）.

杜爱玲，吴祖峰. 食用菌栽培课程实践教学存在的问题及教学方法探索［J］. 华中农业大学学报（社会科学版），2005（5，6）.

方晓义，刘璐，邓林园，等. 青少年网络成瘾的预防与干预研究［J］. 心理发展与教育，2015，31（1）.

高文斌，陈祉妍. 网络成瘾病理心理机制及综合心理干预研究［J］. 心理科学进展，2006，14（4）.

郭念锋. 心理咨询师：基础知识［M］. 北京：民族出版社，2005.

郭念锋. 心理咨询师：三级［M］. 北京：民族出版社，2005.

侯红波，白倩. 应激相关因素与首发青少年抑郁症的关系研究［J］. 中国现代药物应用，2008，2（20）.

柯瑞. 团体咨询的理论与实践：第 6 版［M］. 刘铎，张玲，郑佩英，等译. 上海：上海社会科学院出版社，2006.

科特，科恩. 变革之心［M］. 刘祥亚，译. 珍藏版. 北京：机械工业出版社，2013.

刘伟. 集中·封闭·大型团体咨询［M］. 北京：中国轻工业出版社，2010.

刘稚颖，吴继霞，李鸣. 心理咨询与治疗的案例评估和分析［M］. 北京：中国轻工业出版社，2018.

欧居湖. 青少年学生网络成瘾问题研究［D］. 重庆：西南师范大学，2003.

潘冬香. 大学生的失恋心理辅导［J］. 交通高教研究，2004（4）.

托利，克拉柏. 躁郁症治疗手册［M］. 陈晓莉，译. 重庆：重庆大学出版社，2013.

韦恩瑞伯，布罗契. 危机干预与创伤反应理论与实务［M］. 黄惠美，李巧双，译. 广州：广东世界图书出版公司，2003.

魏永娟. 大学生恋爱心理问题及指导［J］. 工会论坛（山东省工会管理干部学院学报），2011，17（4）.

吴艳茹，肖泽萍，杜亚松，等. 青少年抑郁症和强迫症患者生活事件应对方式和社会支持的比较研究［J］. 中国行为医学科学，2007，16（4）.

许思安. 心理健康教育课程设计与组织［M］. 武汉：华中科技大学出版社，2016.

雅各布斯，马森，哈维尔. 团体咨询：策略与技巧：第5版［M］. 赵芳，杨静慧，许芸，译. 北京：高等教育出版社，2009.

颜苏勤. 苏勤话成长：他从失恋的痛苦中走出［J］. 现代教学，2014（10）.

张佩，夏勉. 抑郁症患者的服药依从性及影响因素［J］. 心理科学进展，2015，23（6）.

郑郭嫄，黄晓琴. 青少年抑郁症患者父母教养方式和生活事件分析［J］. 中国学校卫生，2014，35（10）.

庄涵茹. 高中生同侪生涯团体咨询效果之研究［D］. 高雄：台湾高雄师范大学，2003.

BECK A T. Depression：causes and treatment［M］. Philadelphia：University of Pennsylvania Press，1967.

MAMARCHEV H L. Peer counseling［EB/OL］.［2018－09－12］. https：//files. eric. ed. gov/fulltext/ED211904. pdf.

SUSSMAN M B. The development and effects of a model for training peer－group counselors in a multi－ethnic junior high school［J］. Dissertation abstracts international，1973，11（34）.

YOUNG K S，RODGERS R C. The relationship between depression and Internet addiction［J］. Cyberpsychology & behavior，1998，1（1）.